難病で動けなくてもふつうに生きられる世の中のつくりかた

わたしが障害者じゃなくなる日

海老原 宏美

旬報社

撮影：齋藤陽道

この本を手にとってくれたみなさんへ

わたしは生まれつき、脊髄性筋萎縮症《せきずいせいきんいしゅくしょう》という、とてもむずかしい名前の病気にかかっています。どんな病気なのか、かんたんに言うと、体の筋肉《きんにく》がだんだんおとろえていく病気です。

みんなが当たり前のようにしている、かけっこも、ボール投げも、リコーダーを吹《ふ》くことも、そう、呼吸《こきゅう》をすることだって、ぜんぶ、筋肉《きんにく》がないとできません。その筋《きん》肉《にく》がだんだんなくなっていく病気です。

だから、みんなができることが、わたしにはできません。小さなころは自分の足で立って歩けたけど、今は車いすを使わないと動けません。本のページをめくるのだって、だれかの助けがないとむずかしい。息をすることも、人工呼吸器《じんこうこきゅうき》という機械《きかい》を使わないと、できないのです。

わたしは、重度障害者《じゅうどしょうがいしゃ》と呼《よ》ばれています。重い、障害《しょうがい》のある、人。

たしかにそうかもしれません。

でもね、じつは、わたしに障害《しょうがい》があるのは、あなたのせいなのです。

そう言ったら、おどろきますか?

それはそうだよね。あなたはきっとわたしのことを知らない。わたしもあなたのことを知らない。なのに、自分のせいだなんて。


でもね、本当にそうかもしれないんだよ。

わたしが病気であることと、「障害《しょうがい》がある」ことは、別のこと。わたしの生きづらさをつくりだしているのは、この世の中、この社会なのです。


わたしのような障害者《しょうがいしゃ》でも、楽しくて、もっと生きやすい世の中って、つくれないのかな。それはきっと、障害《しょうがい》のない人だって生きやすい世の中なんじゃないかな。

わたしは、そんな社会をつくりたいと思っています。

そのために、目の前にいるたったひとりのあなたに、わたしは語りかけたいのです。

あなたが変われば、わたしの障害《しょうがい》をなくすことも、できるはず。たったひとりのあなたが、たくさんふえて、みんなになれば、いつか社会は変わるはず。

その未来を信じて、わたしはこの本をとどけます。

海《え》老《び》原《はら》宏《ひろ》美《み》

もくじ

2章 障害者ってかわいそうなの？

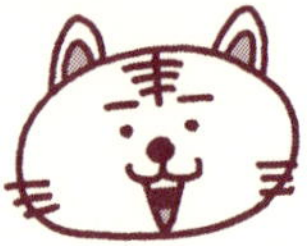

3章 人間の価値ってなんだろう？

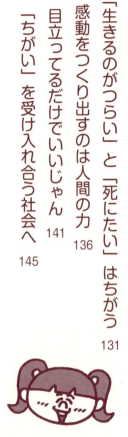

1章 わたしは障害者なの？

いっしょに話そう①

はじめまして、海《え》老《び》原《はら》宏《ひろ》美《み》です。東《とう》京《きょう》都《と》東《ひがし》大和《やまと》市《し》で一人ぐらしをしています。
わたしの仕事は、障害《しょうがい》のある人の相談にのることです。
この中で、障害者《しょうがいしゃ》を見たことがある人はいますか?

はーい!

どんな障害《しょうがい》の人かな。目が見えない人を見たことがある人は?

はーい!

たくさんいますね。じゃあ、耳が聞こえない人は?

はーい!

こちらもたくさんいるんですね、ありがとう。じゃあ、わたしはどうですか?
海老原宏美が障害者《しょうがいしゃ》だと思う人は?

(パラパラと手が上がる)

あれ、少ないなあ。では、わたしが障害者《しょうがいしゃ》じゃないと思う人は？

（さっきより多く手が上がる）

なぜ障害者《しょうがいしゃ》じゃないと思うのかな？

相談にのったりしているほうだから。

なるほどね！

目も見えるし、耳も聞こえるし、しゃべれるから。

そうだよね。目も耳も口もちゃんと動くもんね。
じゃあ、わたしを障害者《しょうがいしゃ》だと思った人はなぜかな？

車いすに乗ってるから。

歩けないように見えるよね。ほかにはなにかある？

口に、なんか、機械《きかい》をつけてる。

これは人工呼吸器《じんこうこきゅうき》といいます。人工呼吸器《じんこうこきゅうき》は、自分で呼吸《こきゅう》できない人、呼吸《こきゅう》する力が弱い人が使う機械《きかい》です。今日は、わたしのことを障害者《しょうがいしゃ》じゃないと思う人がたくさんいてびっくりしました。でも、それはすばらしいことなんです。障害者《しょうがいしゃ》じゃないって思った気持ちを、忘《わす》れないでいてください。
じゃあここで質問《しつもん》です。障害《しょうがい》って、なんだと思いますか？

体が弱いこと。

どこかが使えないこと。

むかしから病気を持っている人。

ケガしている人。

はい、ありがとう。
体のどこかが使えないとか、どこかが悪い人という意見がほとんどですね。
それはときどき正しい。でも、ときどきまちがっています。

体のどこかが悪いことが
障《しょう》害《がい》なのでしょうか。
いったい障《しょう》害《がい》って
なんだろう？

歩けないから障害者《しょうがいしゃ》なの？

わたしは車いすに乗っています。

そのようすを見て、歩けないから障害者《しょうがいしゃ》だという人がいます。

歩けない人は、なぜ障害者《しょうがいしゃ》なのでしょうか？

たしかに、自分の足で歩けないと困《こま》ることがたくさんあります。

たとえば建物に入るとき、たいてい何段《なんだん》かの階段《かいだん》がありますね。わたしは力がないので車いすから下りて自分の足で歩くのはムリです。車いすに乗ったままでは、段差《だんさ》があって前に進めません。

でも、段差《だんさ》をなくすためのスロープ（坂道）があると、なんの問題もなくスルッと入っていくことができます。

建物の中に入ってからも同じことが起こります。3階までいきたいとき、エレベーターがなければわたしは上にいけません。

今までは、こういうことが起きるたびに「あなたは車いすだから無理です」「あなたは障害者《しょうがいしゃ》だから、この建物には入れませんね」と言われてきました。障害者《しょうがいしゃ》が、がまんしたり悲しい思いをすることはあたりまえだったのです。

でも、これは古い考えかたです。

今から新しい障害《しょうがい》の考えかたをみなさんに伝えますね。

【古い障害《しょうがい》の考えかた】

階段《かいだん》しかない建物に入れないのは、あなたが車いすに乗っているせいです。

【新しい障害《しょうがい》の考えかた】

車いすの人が入れないのは、階段《かいだん》しかないこの建物のせいです。

古い考えかた
障害《しょうがい》があるのは人

新しい考えかた
障害《しょうがい》があるのは建物

ちがいがわかりますか？

「車いすだから」入れないのではなく、「階段《かいだん》しかないから」入れない。

つまり、「障害《しょうがい》」は車いすのほうにあるのではなく、階段《かいだん》のほうにあります。

スロープやエレベーターがあれば、車いすの人も問題なく建物に入っていくことができますね。上の階にもあがれます。

建物の造《つく》りがちゃんとしていれば、車いすであることは障害《しょうがい》ではなくなる。障害《しょうがい》はなくせるのです。

古い障害《しょうがい》の考えかたは、一人ひとりの個人《こじん》のせいにされてきたので「個人《こじん》モデル」といいます。新しい障害《しょうがい》の考えかたは、わたしたちのくらす社会の仕組《しく》みが原因になるので「社会モデル」と呼《よ》びます。

おなかの大きな妊《にん》婦《ぷ》さん、
つえをついているお年寄り、
よちよち歩きの子ども、
言葉の通じない外国人。
この人たちに
共通していることは？

障《しょう》害《がい》はなくせるの？

社会が変われば障《しょう》害《がい》はなくなっていく。こういう考えかたが社会モデルです。

今、世界中で社会モデルの考えかたがあたりまえになってきています。

障《しょう》害《がい》のある人が地《ち》域《いき》の中でふつうに生活できるように、なにか困《こま》ったことがあれば、社会がちゃんと変わっていく。

そう考えることが、先進国のスタンダードです。

でもまだまだ日本では、そういう考えかたがあたりまえではありません。

「車いすだと、ここは上れないね」

「目が見えない人は参加できないね」

「しかたないよね」

そんなふうに多くの人があきらめています。

障《しょう》害《がい》のない人は、障《しょう》害《がい》がある人の生きづらさになかなか気づきません。あきらめて

いる人がいることにも気づいていないかもしれません。そんな無関心な気持ちが、まさに障害《しょうがい》をなくす障害《しょうがい》になっているのです。

車いすの人は、スロープやエレベーターがあれば障害《しょうがい》を感じなくなります。目が見えない人は、音声ガイドや、今なにが起きているか説明してくれる人がいれば、障害《しょうがい》を感じなくなります。

「こういうふうにすれば、障害《しょうがい》はなくなるんじゃない？」

みんなの考えを変えていくことが、社会にとってとてもだいじです。

障害者《しょうがいしゃ》って、特別な人だと思っていませんか？

障害者《しょうがいしゃ》は、車いすの人や目の見えない人、耳の聞こえない人だけではありません。たとえば、おなかの大きな妊婦《にんぷ》さん。ベビーカーを押《お》しているお母さん。つえをついているお年寄り。よちよち歩きの小さな子ども。日本に来たばかりで言葉の通じない外国人。

この人たちに共通するのは、生活するときに困《こま》ったり、不便だったり、危険《きけん》を感じたりしていること。社会モデルの考えかたでは、みんなが障害者《しょうがいしゃ》です。

たとえば、メガネのキミ。メガネをわすれたら、いろいろなものが見えにくくなるよね。それも障害《しょうがい》です。社会の中で生活していて、これは使いにくいなとか、これはやりにくいなと思うことがあったら、それはぜんぶ障害《しょうがい》なのです。

そう考えると、だれもが障害者《しょうがいしゃ》に近いと思いませんか？

障害《しょうがい》をなくすには、その人ががんばって解決《かいけつ》するのではなく、社会全体を変えていくことがだいじです。社会の仕組《しく》みを調整し、だれかに不便なものが不便じゃなくなるようにしていくのです。

わたしは今まで、人に会うたびに「がんばってください」と言われてきました。車いすだし呼吸器《こきゅうき》もつけているから、たいへんそうに見えるのでしょう。

「海老原さん、がんばってね」

クイズ

障害者は誰でしょう?

答え みんな

「えらいわね。おうえんしているからね」

でも、本当はおうえんなんていらないの。わたしは、がんばる必要はないのです。

どんな障《しょう》害《がい》があってもくらしやすくなるように、あきらめなくてすむように、社会ががんばらなきゃいけないのです。

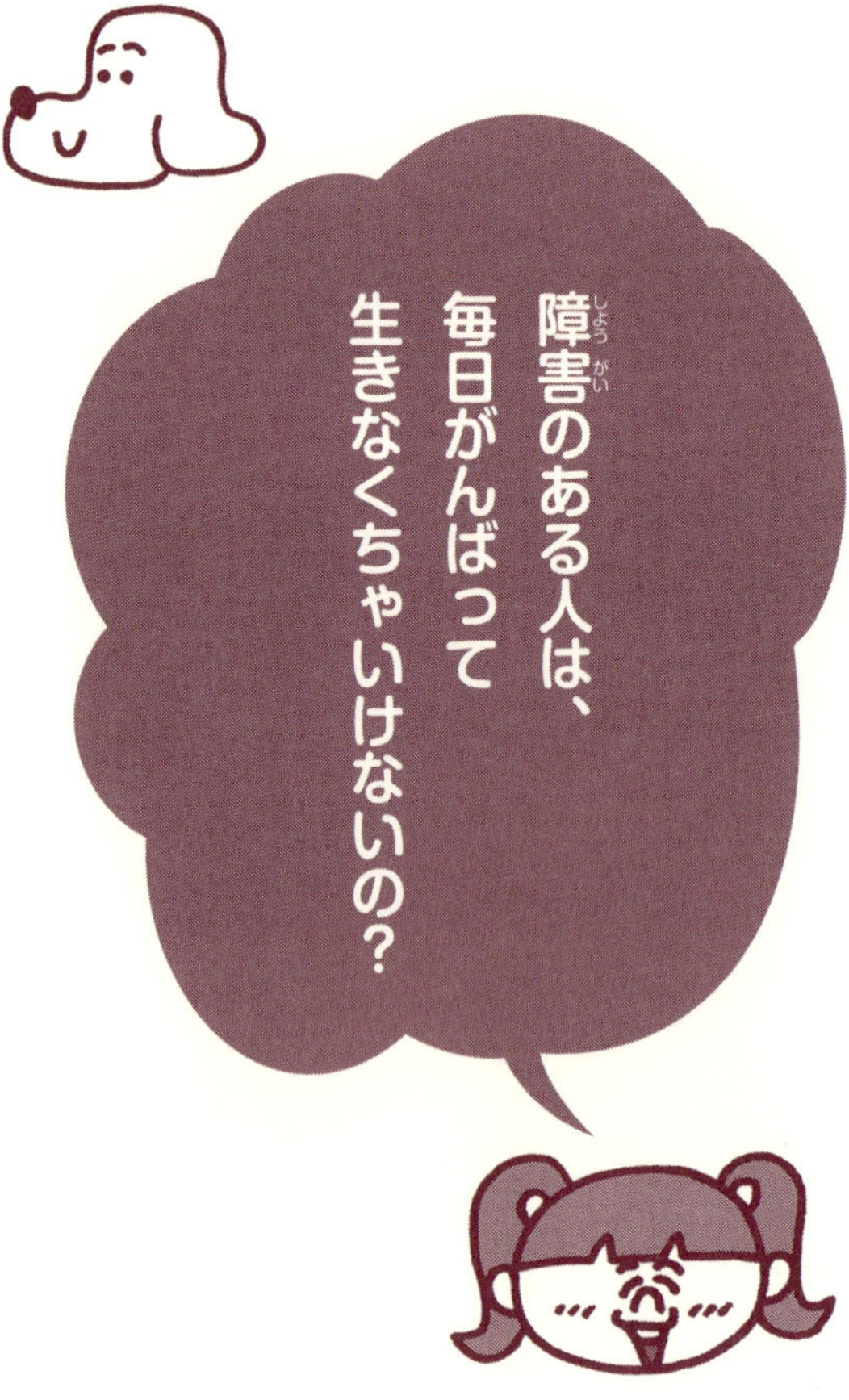
障《しょう》害《がい》のある人は、毎日がんばって生きなくちゃいけないの？

脊《せき》髄《ずい》性《せい》筋《きん》萎《い》縮《しゅく》症《しょう》（SMA）という病気

わたしは1977年に神《か》奈《な》川《がわ》県《けん》川《かわ》崎《さき》市《し》で生まれました。

この本の最初にも書きましたが、生まれつき脊《せき》髄《ずい》性《せい》筋《きん》萎《い》縮《しゅく》症《しょう》（SMA）というちょっとむずかしい病気を持っています。この病気には4つのタイプがあります。

1型　生後6カ月までに発《はっ》症《しょう》。生後6～9カ月で亡くなる場合が多い

2型　1歳6カ月までに発《はっ》症《しょう》。歩行や呼吸などがだんだんできなくなる

3型　1歳6カ月以降に発《はっ》症《しょう》。歩行や呼吸などがだんだんできなくなる

4型　大人になってから発《はっ》症《しょう》。運動機能が少しずつ低下していく

わたしは2型のSMAです。

ほとんどのみなさんは、体を思いどおりに動かすことができますよね。たとえば「右手を上げて」と言われたら、すぐに上げることができるでしょう。

なぜできるかというと、脳《のう》の中で「右手を上げますよ」という電気信号が起きて、それが神経《しんけい》を通って、右手の筋肉《きんにく》に伝わるから。筋肉《きんにく》が電気信号をキャッチしてパッと右手が上がるのです。

この病気は、電気信号を送る神経《しんけい》に障害《しょうがい》が起こります。脳《のう》からは信号が出ているし、筋肉《きんにく》もあるのですが、電気信号をうまく伝えることができません。思いどおりに体を動かせず、筋肉《きんにく》がだんだんなくなって、病気は少しずつ進行していきます。

見ればわかりますが、わたしの体はやせて曲がっています。

ふつう、体が成長していくときには、骨《ほね》のまわりを筋肉《きんにく》が支《ささ》えているので、まっすぐ上にのびていきます。ところが、わたしは骨《ほね》を支《ささ》える筋肉《きんにく》がないので体が曲がってしまうのです。体が曲がると内臓《ないぞう》もつぶれて、肺《はい》もぐーっと小さくなります。

肺活量《はいかつりょう》を測《はか》ったことがありますか?

息をいっぱい吸《す》ってからふーっとゆっくり吐《は》いて、吐《は》ききったところの値《あたい》を見ます。

肺活量《はいかつりょう》を測《はか》ると、自分の肺《はい》がどれだけ大きく広がるかがわかります。おとなの女性《じょせい》の平均的《へいきんてき》な肺活量《はいかつりょう》は2000～3000ml。わたしの肺活量《はいかつりょう》は450mlしかありません。だから、病気が進んだ20代のなかばからは、人工呼吸器《じんこうこきゅうき》をつけて生活をしています。人工呼吸器《じんこうこきゅうき》があるから、わたしはこうして生きていられるのです。生まれたばかりのころ、お医者さんには「この子は3歳《さい》くらいまでしか生きられない」と言われたそうです。でもわたしは、その14倍くらい生きてきました。

小さいころは自分で立ち上がったり、なにかにつかまってゆっくり歩くこともできましたが、今はだんだん病気が進んで全介助《ぜんかいじょ》で生活しています。

全介助《ぜんかいじょ》というのは、すべての生活動作に手助けが必要なこと。一人ではトイレもいけないし、着替《きが》えも、立ち上がることも、お風呂《ふろ》に入ることもできません。でも、介助《かいじょ》する人（アテンダントといいます）がいれば、自立してくらすことができます。

トイレも、着替《きが》えも、
お風呂《ふろ》に入ることも、
わたしは一人ではできません。
でも、介助《かいじょ》する人（アテンダント）が
いれば自立してくらすことができます。

母の5つの教え

わたしは今、何人かのアテンダントに交代で来てもらって一人ぐらしをしています。高校を卒業するまでは家族といっしょにくらしていました。

わたしの家族は5人。父と母と兄と弟がいます。

父はとても器用な人で、絵がじょうず。わたしが父の血をひいているなあと思うのは、ものを作るのが好きなところです。

子どものころ、両親がかなづちやのこぎりの入った工具箱を誕生日《たんじょうび》にプレゼントしてくれたことがありました。それがとてもうれしかった。工具を使って棚《たな》などを作るのも好きだし、絵を描《か》くのも手芸をすることも好きです。

兄はとても自立心の強い人。やっぱり手先が器用で、なんでも作ってしまいます。今はニュージーランドに住んでいて、ときどき海の向こうから遠隔操作《えんかくそうさ》でわたしのパソコンを直してくれたりします。

弟はめんどうみがよくて、ピアノもひけるし料理も得意。空手や剣道《けんどう》もできるたのもしい存在《そんざい》です。今は結婚《けっこん》し、子どもが生まれてやさしいお父さんになっています。

そして、わたしがいちばん大きな影響《えいきょう》を受けたのは母です。

母はふつうの主婦《しゅふ》ですが、「すべての人は対等に生きるべき」という信念を持った人です。そのおかげでわたしはみんなといっしょに地域《ちいき》の学校に通い、地域《ちいき》の中で育ちました。歩けなくてもふつうに学校にいってたくさんの経験《けいけん》をし、どんどんたくましくなりました。母にはいつも、次の5つのことを言われてきました。

①だれかのせいにしない

わたしはまわりの人の助けがないと、できないことがたくさんあります。やりたいことができなかったとき、「友だちへの伝えかたが悪かったんじゃないの?」「ほかの人にたのめなかったの?」とよく母に聞かれました。だれかのせいにするのではなく、本当にちゃんと自分の気持ちや意思を伝えたのか? をいつも問われました。

②兄弟をたよらない

「困《こま》ったとき、お兄ちゃんや弟にたよらないようにしなさい」と言われてきました。兄や弟は家にいれば手助けしてくれることも多かったけれど、彼《かれ》らにはそれぞれの人生があります。わたしの介助《かいじょ》にしばられて、人生を犠牲《ぎせい》にするのはおたがいに不幸です。母はわたしに「自立しなさい」と言いたかったのだと思います。

③なんでも本気でやる

作文でも、夏休みの自由研究でも「ま、これくらいでいいか」と、てきとうにやってはいけない。本当に人に伝わるものになったか、自分の持っている力を出しきれたか。いつもきびしく言われました。おかげで本気で取り組んだその先には、もっとおもしろい世界が広がっていることを知りました。

④困《こま》ったときは「手伝って」と言う

わたしの病気はだんだん進んで自分でできることが減《へ》っていきます。今、自分ができることとできないことを理解《りかい》し、できない部分は手伝ってもらうこと。特定のだれかに手伝ってもらうのではなく、「どんな人にも手伝ってもらいなさい」と言われてきました。

小さなころからいろいろな人に手伝ってもらったので、自分のしてほしいことはなにか、はっきりと伝えられるようになりました。

⑤差別をされたときは社会のせいにしていい

「人のせいにしない」といつも教えられてきましたが、母はひとつだけ「差別をされたときは、自分の努力が足りないのではなく社会のせいにしてもいいんだよ」と言いました。そう言われて育ったわたしは、どんな状況《じょうきょう》にあっても自信を持って生きることができました。

わたしがだいじにしてきた
母の5つの教え
①だれかのせいにしない
②兄弟をたよらない
③なんでも本気でやる
④困《こま》ったときは「手伝って」と言う
⑤差別をされたときは社会のせいにしていい

車いすを押《お》してくれたクラスメイト

みなさんの通う学校には、障害者《しょうがいしゃ》を見かけないかもしれません。それは、障害《しょうがい》のある子どもの多くが、特別支援学校《とくべつしえんがっこう》に通っているからです。特別支援学校《とくべつしえんがっこう》は障害《しょうがい》のある子どもだけを集めた特別な学校で、日常生活《にちじょうせいかつ》の訓練などをおこなうところです。

日本全国に特別支援学校《とくべつしえんがっこう》は１１３５校あって、そこに通っている小学生は約４万１千人（２０１７年度）。これは日本中の小学生の約０・６％で、１学年に１５０人の児童がいるならそのうちの一人は障害者《しょうがいしゃ》ということになります。でも、その子たちの多くは遠く離れた特別支援学校《とくべつしえんがっこう》に通うので、地域《ちいき》の学校ではあまり出会う機会がありません。

本当は、どんな子どもも地域《ちいき》の学校にいく権利《けんり》を持っています。わたしの母は、「地《ち》域《いき》の子どもは地域《ちいき》の学校にいくべきだ」という考えの持ち主だったので、わたしは小

特別《とくべつ》支援《しえん》学校《がっこう》に通う小学生

万　千人

学校、中学校、高校と、ずっと地域《ちいき》のふつうの学校に通ってきました。

小学校でも中学校でも高校でも、車いすで通う子どもは初めてだと言われました。最初はみんなに反対されましたが、車いすで通ううちに先生も友だちもみんなが慣《な》れていって、とても楽しい学校生活でした。

わたしが小さいころはバリアフリーなんて言葉はなくて、学校は段差《だんさ》がいっぱい。階段《かいだん》だらけです。それでも、母におんぶされて教室まで上がり、車いすに乗って授業《じゅぎょう》を受けました。

トイレも着替《きが》えも一人ではできないので、毎日母がつきそって介助《かいじょ》をしていました。そのころは、障害《しょうがい》のある子どもがふつうの学校にいくと、家族が介助《かいじょ》するのがあたりまえでした。母は家の仕事もあったので、学校と家とを一日に何度も往復《おうふく》していました。母がいたからといって、すべてを母がやっていたわけではありません。車いすを押《お》すことは友だちがよくやってくれました。

とくに小学生に入ったばかりのころは、クラスのみんなが車いすを押《お》したくてわたしのところに集まってきました。小学生になって「もう、お兄ちゃんお姉ちゃんだよ」って言いたい年ごろの子どもたちです。

「わたしも、宏美ちゃんのお手伝いしてあげるよ」と同級生たちが競うように押《お》してくれました。それはやっぱりうれしかったな。親が押《お》してくれるより、友だちに押《お》してもらうほうがよほどうれしいものなのです。

今から思えば、男の子のほうが「オレがやる！」と喜んで押《お》してくれた気がします。男の子は目立ちたがりの子が多いんですよね。

それに比《くら》べて女の子は、仲がよくても「えー、わたしはいいよ」とあまり積極的に手を貸《か》してはくれませんでした。車いすを押《お》していると学校の中でも目立ちます。押《お》したいけれど、目立ちたくはない。むずかしい年ごろなんですね。

車いすといえば、ちょっと悲しい思い出もあります。理科の授業《じゅぎょう》でたらいの中に水を入れて船を浮《う》かべていたときのことです。

当時はまだ足の筋肉が強かったので、車いすのフットレストをはずして、自分の足

で床《ゆか》をけって教室の中を移動《いどう》していました。でも、ふんばろうとしたらぬれた床《ゆか》にツルンとすべって前のめりになり、たらいの中にポチャーンと落ちてしまったのです。たまたま母がいなかったので、担任《たんにん》の先生が助けてくれました。友だちの船はこわれるし、服はぬれるし「あ～あ」と思った記憶《きおく》があります。

わたしは手より足の筋力のほうが強いのですが、足が強い2型ＳＭＡはあまりいません。足はプラプラして力が入らない人が多いのです。わたしは、小学6年生のころまで立ったり座《すわ》ったりするくらいは自力でできました。

高学年になると、移動《いどう》するときは友だちがあたりまえに車いすを押《お》してくれるようになりました。母は、小学校卒業までトイレや着替《きが》えなどの介助《かいじょ》をしてくれましたが、さすがに高学年になってくると、母につきそってもらうのはちょっとイヤでした。母のことがイヤだったわけではなく、友だちといるほうがずっと楽しかったからです。いろいろなことがあったけれど、わたしは地域《ちいき》のふつうの学校に通って本当によかったと思っています。それは、同世代の友だちがいっぱいできたからです。

小学校で
わたしの車いすを
押《お》してくれたのは
目立ちたがりの
男の子でした。

放送委員会と鼓笛隊《こてきたい》

小学生時代のわたしはどこかぼんやりしていて、意志《いし》が強かったわけでもなく、先生の話もあんまり聞いていないような子どもでした。毎日ぽかーんとしているからか、よく忘《わす》れ物をした記憶《きおく》があります。それでも、自分がやりたいと思ったことは、自分なりにいっしょうけんめいにやりました。

高学年では、あこがれていた放送委員会に入りました。朝礼でマイクや音楽のミキシングをしたり、お昼の放送をしたり、そのほかの時間にも「そうじの時間になりました」とか「下校しましょう」と校内放送をします。

とくにやりがいがあったのは運動会です。運動会の前

になると、分厚《ぶあつ》い台本が放送委員会に届《とど》きました。

　開会式から始まってたくさんの種目がありますが、その間に「赤組の人はこちらに移動《いどう》してください」などのセリフがこまかく書いてあり、それを読み上げながら進行するのが放送委員の役目でした。

　わたしは出場できない種目もけっこうありましたが、そのかわりに放送委員として運動会で大活躍《だいかつやく》できました。

　放送委員は台本に書いてあることだけでなく、さまざまな種目の実況《じっきょう》も担当《たんとう》します。徒競走《ときょうそう》やリレーの間も、まるでオリンピックの生中継みたいに「3コース、速い速い！」「1コースはちょっと遅《おく》れています」と実況《じっきょう》するのはとても楽しい経験でした。

　運動会といえば、鼓笛隊《こてきたい》に参加したのもなつかしい思

い出です。

鼓笛隊《こてきたい》は運動会の花形で、みんなのあこがれの存在《そんざい》でした。毎年、午後の部のオープニングは、ベレー帽《ぼう》をかぶった鼓笛隊《こてきたい》のマーチングです。

鼓笛隊《こてきたい》に入りたい人は、たて笛《ぶえ》やピアニカの演奏《えんそう》をしなければならないのですが、先生の練習がとても厳《きび》しくてなかなか合格《ごうかく》が出ません。みんなが泣きながらたて笛《ぶえ》の特訓《とっくん》をしていたことをよくおぼえています。

わたしは歩きながら演奏《えんそう》ができないので、同級生の女の子が車いすを押《お》す係になってくれました。マーチングでは歩幅《ほはば》まで指導《しどう》されるので、彼女《かのじょ》はたいへんだったと思います。それでもみんなで練習できたことは忘れられない経験になりました。

最後の表彰式《ひょうしょうしき》でも、鼓笛隊《こてきたい》が『見よ、勇者は帰る』（ヘンデル）を「チャーンチャーンチャーンチャーンチャーン」と演奏《えんそう》しました。

出場できない種目があっても、放送委員会で実況《じっきょう》したり鼓笛隊《こてきたい》に参加したり、運動会には楽しい思い出がいっぱいあります。

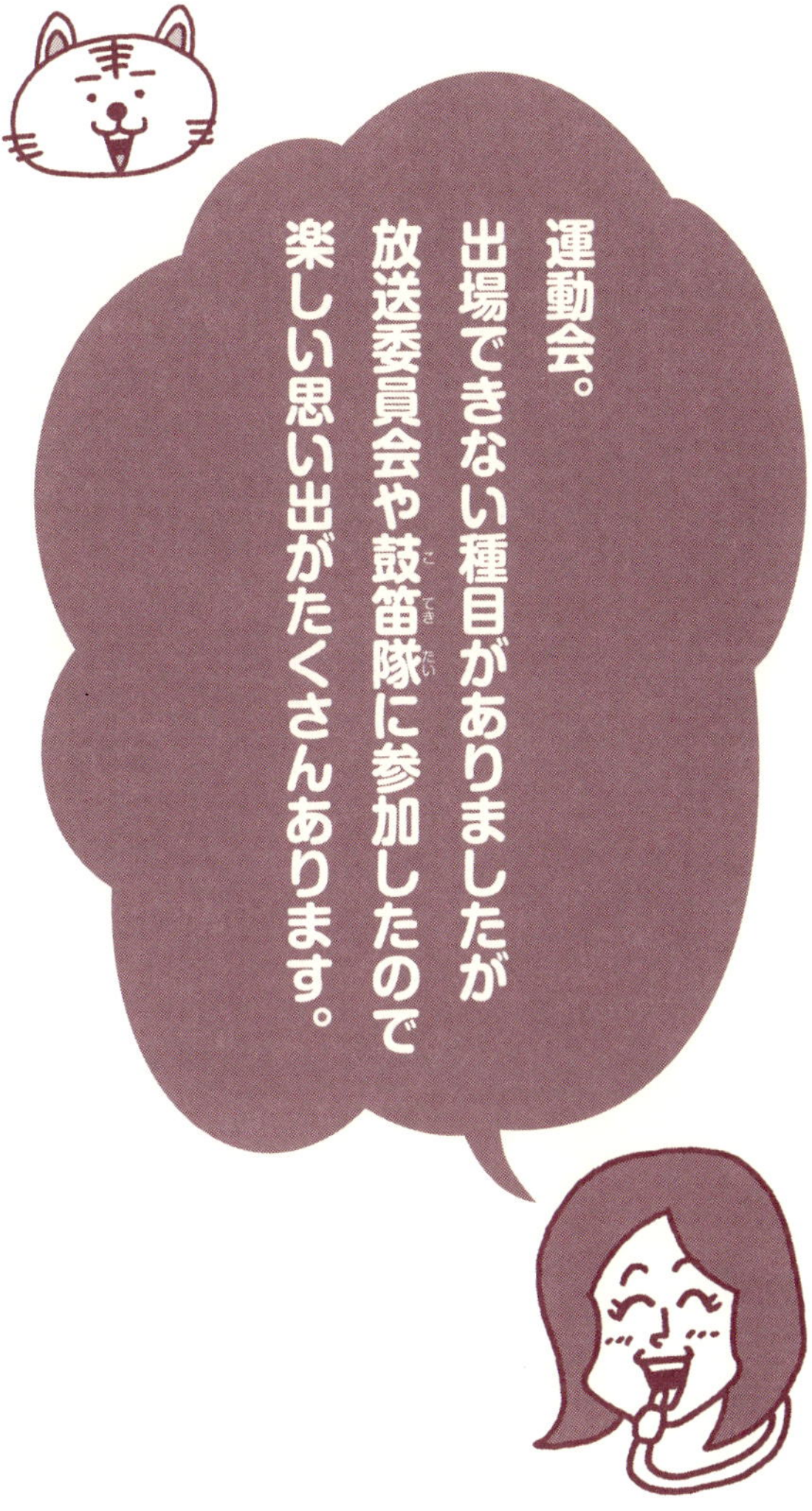
運動会。
出場できない種目がありましたが
放送委員会や鼓《こ》笛《てき》隊《たい》に参加したので
楽しい思い出がたくさんあります。

障害者甲子園《しょうがいしゃこうしえん》へ

その後は地域《ちいき》の中学校に通いましたが、わたしの中での大きな変化は高校時代にやってきました。

中学は小学校からいっしょの仲間がたくさんいましたが、高校では初めて会う人ばかり。

最初、車いすのわたしはみんなから少し遠巻《とおま》きに見られていました。でも、とまどっている人にはいつもこちらから声をかけます。

「いっしょにお弁当を食べない？」

なかよくなると、車いすを押《お》してもらうこともあたりまえになりました。

高校では、学校の先生が階段《かいだん》の上り下りやトイレの介助《かいじょ》などすべてやってくれることになりました。ありがたいことではあるけれど、お昼を食べながらおしゃべりが弾《はず》んでいるときなどに、トイレ介助《かいじょ》のために先生が間に入ってくるのは、せっかくの楽しい空気に水をさされる気分でした。

そして高1の1学期の終わり。知人から「これ、宏美ちゃんにぴったりじゃない？」とわたされた1枚のチラシが、わたしの人生を大きく変えることになります。

そのチラシには、こう書かれていました。


障害者甲子園《しょうがいしゃこうしえん》、参加者を募集《ぼしゅう》！

将来《しょうらい》のリーダーを目指す若《わか》い障害者《しょうがいしゃ》集まれ。


将来《しょうらい》、リーダーになるかなんてわからないけど、ここにいけばきっとたくさんの障《しょう》害者《がいしゃ》に会える。わたしはふつうの学校に通っていたから、自分以外の障害者《しょうがいしゃ》のことをあまり知りませんでした。

どんな人がいるのだろう。みんながどんなことを考えて、どんな生活を送っているんだろう。それが知りたくてすぐに申し込《こ》みました。

このイベントの参加条件《さんかじょうけん》は、会場がある大阪《おおさか》まで「一人でいく」こと。それまでわたしは、一人で遠くにいったことなど一度もありません。どこにいくにもたいてい家族といっしょでした。

自分から「どこかへいこう」とか「なにかをしよう」と思ったこともありません。いきたいのにがまんしていたというわけではなく、それが自然なことだったのです。

そんなわたしの、人生初の一人旅です。

近くの駅までは家族に車で送ってもらいましたが、一人で切符《きっぷ》を買うことも初めて。きっぷ売り場で「どこまでいくんだっけ?」とキョロキョロしてしまいました。いつも親まかせだったから、鉄道の「上り」「下り」も知らないし、快速《かいそく》や特急《とっきゅう》などいろいろなタイプの電車があることも知りませんでした。

衝撃《しょうげき》をうけたのは、駅員さんに「ここにいきたいので手伝ってください」と言うと、駅員さんがわたしの目を見て答えてくれたことです。そんなのあたりまえだと思うかもしれませんね。でも、本当にびっくりしました。

それまでは必ず親がいたので、駅員さんは親に向かって話しかけ、わたしはいないような扱《あつか》いでした。それをおかしいとも思っていなかったのです。

駅員さんと初めて目を見て話をしたことで、今まではこちらを見てくれていなかったということに気づきました。

わたしは今、社会とつながった。もう、今までのわたしとはちがうんだ！

はっきりと感じた旅の始まりでした。

自分が動けばまわりも動く

障害者甲子園《しょうがいしゃこうしえん》は、全国の障害《しょうがい》のある高校生40人と、関西の障害《しょうがい》のない健常者《けんじょうしゃ》の高校生がいっしょに合宿をするイベントでした。夏休みの3泊《ぱく》4日、寝食《しんしょく》をともにしながらみんなで過《す》ごしました。

障害《しょうがい》も性格《せいかく》もちがういろいろな人がいて、みんなで話し合ったり悩《なや》みを聞いたりするのはとてもおもしろい体験でした。

このイベントでわたしが学んだのは、すべては自分から始まるということ。

4日間は自分がどうしたいかをいつも考えていました。それがとても気持ちよかったので、家に戻《もど》ってからも自分で考えずにはいられなくなりました。

「次はなにをしようかな」

「どこへいこうかな」

ひとつひとつは小さなことですが、自分で考えるようになって初めて、今までなにも考えていなかったことに気づきました。わたしはいつも人まかせでした。それでも案外楽しいと思っていたのです。

でも、自分が意志《いし》を持って動くとまわりも動きます。自分が積極的になれば、まわりも積極的に関わろうとしてくれます。そのおもしろさを知ったのが障害者甲子園《しょうがいしゃこうしえん》でした。今までだって楽しかったけれど、もっとおもしろいことを知ったので、人まかせがつまらなくなりました。わたしにとっては大きな変化でした。

もうひとつ、障害者甲子園《しょうがいしゃこうしえん》で変化したことがあります。

この4日間、わたしの介助《かいじょ》をしてくれたのは、すべて健常者《けんじょうしゃ》の高校生でした。それまでわたしは親や先生など大人をたよってきましたが、自分と同じ年代の人が介助《かいじょ》できることを初めて知りました。そして、ふだんから高校の友だちとこういう関係が結べるといいなと感じたのです。

夏休みが終わるころ、わたしは担任《たんにん》の先生に手紙を書きました。

――2学期から、すべての介助《かいじょ》を友だちにお願いしたいのです。

学校は、わたしの気持ちを受け入れてくれました。ここからが、本当の新しい生活のスタートとなりました。

自分で考え、自分から
動くようになって初めて
今までなにも考えていなかった
ことに気づきました。
自分が意志《いし》を持って動くと、
まわりも動きます。

人サーフィンの始まり

毎朝、母はわたしを車で高校まで連れていき、階段《かいだん》の下に置くと「いってらっしゃい」と言ってすぐに帰っていくようになりました。

わたしの教室は3階。もちろんエレベーターはないので、だれかに手伝ってもらわなければ上がれません。

そこで、通りがかりの知らない生徒に声をかけます。

小さいころから、困《こま》ったときはそばにいる人にたのんできたので、声をかけることにためらいはありませんでした。

「すみません、わたしの教室は3階なんですけど、車いすを運んでもらえませんか」

「車いすを持ち上げるのに4人必要なので、あと3人そろうまで待ってもらえますか」

4人がそろったら、運んでもらいます。

「車いすを持ち上げるときは、ここところを持って、水平を保《たも》ちながらゆっくり階段《かいだん》を上がってください」

毎日こんなふうに説明しながら、3階の教室まで上げてもらいました。そうやって声をかけ続けていたら、そのうちわたしがたのまなくても「手伝いましょうか?」と声をかけてくれる生徒が増えていきました!

トイレは友だちがいくときに「わたしもいきたいから、手伝って」と声をかけました。こうして生徒の介助《かいじょ》はあたりまえのことになりました。たぶん、学校中の人がわたしのことを知っていたと思います。

高校では合唱部に入っていて、その合宿でも、トイレ、食事、お風呂《ふろ》、着替《きが》えなどのすべてを、先輩《せんぱい》、後輩《こうはい》、部員のみんなに介助《かいじょ》してもらって参加しました。

夜は近所の神社できもだめしをやりましたが、それも男子部員が4人で車いすをかついで参加させてくれました。仲間たちが工夫しながら介助《かいじょ》をしてくれて、わたしは合宿中いつもみんなといっしょにいることができました。

学校だけでなく、町を出歩くときも一人でいくことが増《ふ》えました。

友だちと映画《えいが》を観《み》にいく約束をして「何時にここで待ち合わせね」と決めたら、母が家の近くの駅まで送ってくれます。駅前のロータリーで車からおろされたら、通りすがりの人をつかまえて、「すみません、きっぷを買いたいので手伝ってもらえますか」とたのみました。

途中《とちゅう》でとつぜん雨が降《ふ》ってきたときにも、近くにいる人に声をかけて「かばんのポケットにカッパが入っているので出してください」と手伝ってもらいます。

わたしはこれを「人サーフィン」と呼《よ》びました。

声をかければ、たいていの人がこころよく手伝ってくれます。

でも、気持ちよく手をかしてくれる人ばかりではありません。中にはイヤな顔をする人や、あきらかに聞こえないふりをする人もいます。そういうときはちょっとへこみます。

見知らぬ人になにかをお願いするというのは、楽なようで決して楽なことではありません。とても気をつかうのです。

お願いしても受け入れてもらえなかった

ときは、「あの人はきっと、忙《いそが》しかったんだろうな」とか「わたしに声をかけられてびっくりしたのかも」と気にしないようにしました。

何度も何度もくりかえすうちに、わたしにはふしぎな能力《のうりょく》がそなわってきました。相手の顔つきや態度《たいど》を見ただけで、手伝ってくれる人かどうかを見ぬけるようになり、成功率《せいこうりつ》が上がっていったのです。

人にたのむことはとても疲《つか》れることではありましたが、人とつながる楽しさもあります。周囲の人たちの助けもあって、わたしは自分の障害《しょうがい》をあまり深刻《しんこく》だと感じたことはありませんでした。

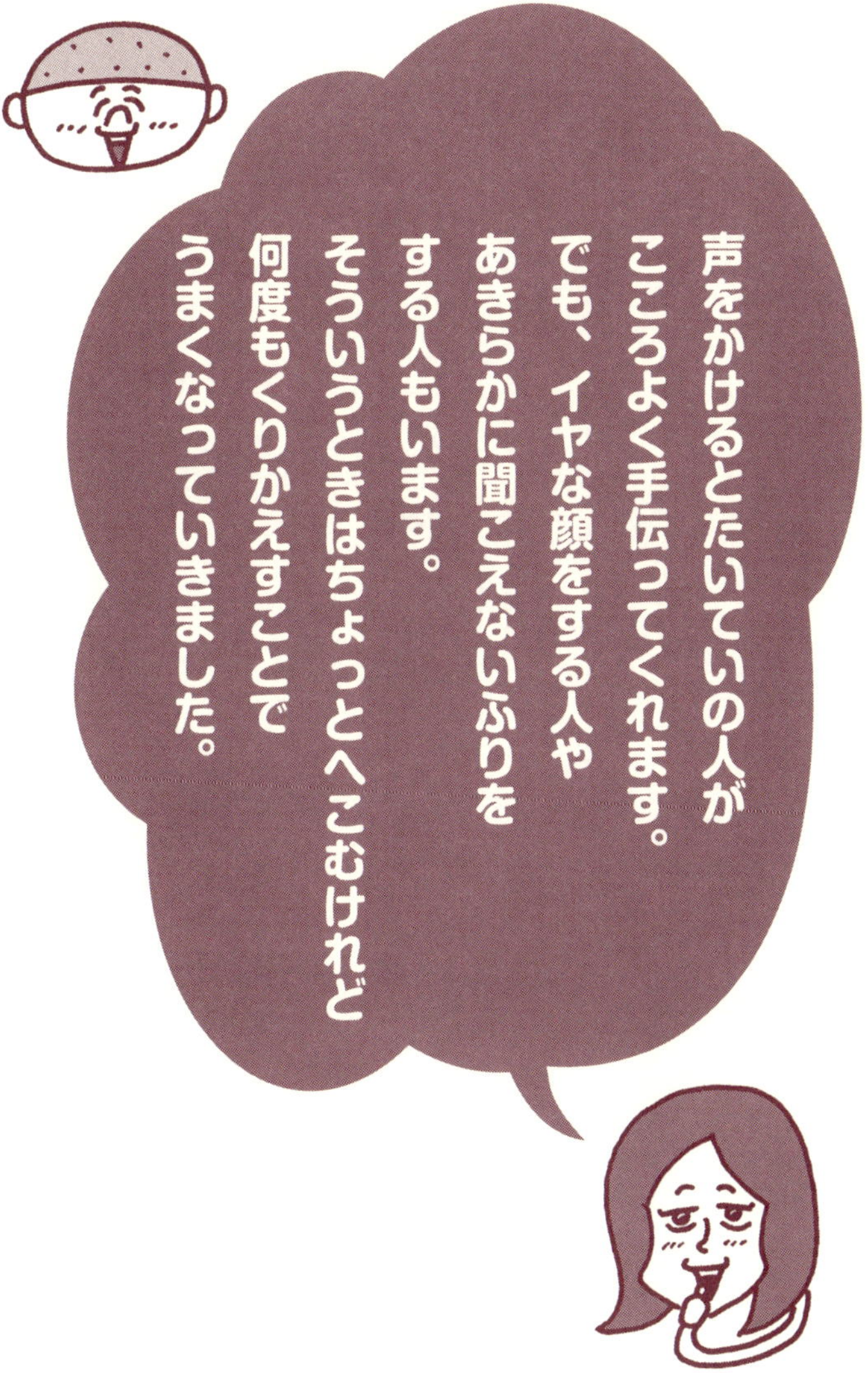
声をかけるとたいていの人が
こころよく手伝ってくれます。
でも、イヤな顔をする人や
あきらかに聞こえないふりを
する人もいます。
そういうときはちょっとへこむけれど
何度もくりかえすことで
うまくなっていきました。

わたし、障害者《しょうがいしゃ》だったんだ

高校を卒業したら、家を出ること。それがわが家のきまりでした。

しかし、大学受験でつまずいてしまいます。なぜなら、当時車いすの学生を受け入れてくれる大学は少なかったからです。ほとんどの大学の受験案内に「障害《しょうがい》がある人はお問い合わせください」と書いてあったので、わたしは何校も問い合わせました。

そのたびに、「うちの大学はバリアフリーではないし、手伝う人員もいません」とことわられました。どうにか受験できる大学が決まったものの、交渉《こうしょう》に多くの時間をとられて勉強がおろそかになり、1年目は浪人《ろうにん》することになりました。

翌年《よくねん》に大学に入学し、わたしは横浜《よこはま》にある大学の近くにアパートを借りました。

まずは、介助者《かいじょしゃ》をさがさなければ！　今まで家族がやってくれていた朝晩《あさばん》の介助《かいじょ》も、だれかにたのまなければ一人ぐらしはできません。

当時の公的ヘルパー制度《せいど》は、朝9時から夕方5時まで。その時間、わたしはたいてい大学にいます。介助《かいじょ》が本当に必要なのは、それ以外の時間でした。夜中でも寝返りなどの介助《かいじょ》が必要なので、泊《と》まりこんでくれる人が必要です。

そこで、「介助《かいじょ》ボランティア募集《ぼしゅう》」のチラシをつくり、大学のあちらこちらにある掲《けい》示板《じばん》にはり出しました。すると、知り合いもふくめて30人くらいが手を上げてくれました。学年もいろいろ、学部もちがう学生が、交代でアパートに来て介助《かいじょ》してくれることになりました。

ボランティアというのは余裕《よゆう》のあるときはいいのですが、大学でレポートを書かなければいけないときや、試験勉強中や、かぜが流行しているときなどは、どうしてもキャンセルが多くなります。だから、大学時代はいつも介助者《かいじょしゃ》さがしをしていました。

それでもわたしは、なんとか一人ぐらしを続けました。

不便なことは多かったけれど、まわりに友だちがたくさんいて、部活でも旅行でもなんでも参加できました。

小学校から大学まで健常者《けんじょうしゃ》の中にいて、違いをあまり感じずにくらしてきたので、わたしは自分が重度障害者《じゅうどしょうがいしゃ》だということにぜんぜん気づいていませんでした。

大学3年になると就職活動《しゅうしょくかつどう》が始まります。まわりの友だちはどんどん就職先《しゅうしょくさき》が決まっていきました。わたしも大学を出たら働くものと思っていましたが、就職先《しゅうしょくさき》がまったく決まりません。

一人でトイレにもいけないし、棚《たな》からファイルをとることも、電話をとることもできない。そんな全介助《ぜんかいじょ》の障害者《しょうがいしゃ》が、一般企業に就職《しゅうしょく》することはほとんどありません。入社試験の前から「あなたのような人は無理だ」と言われ続けてショックを受けました。

そこで初めて「自分は重度の障害者《しょうがいしゃ》だったんだ」と気づきました。うそみたいに思うかもしれませんが、わたしは大学3年までふつうにみんなと過《す》ごしていたので、本当に気づかなかった。就職《しゅうしょく》だってみんなと同じようにできると思っていたのです。

○×会社
健常者入口
障害者入口

日《にっ》韓《かん》トライ2001、野宿《のじゅく》の旅

就職《しゅうしょく》が決まらなかったので、大学を卒業するとわたしは家族のもとにいったん帰りました。

「もしかして、わたし、社会から必要とされていないのかな」

ボーっとすごしていたある日、電話がかかってきました。

「えびちゃん、ヒマなの？」

「ヒマといえばヒマですけど……」

「『日韓《にっかん》トライ2001』というイベントをするんだけど、東京の実行委員長になってくれないかな」

声をかけてくれたのは、障害者甲子園《しょうがいしゃこうしえん》で出会った関西の自立生活センター（CIL）の人でした。CILは全国に120カ所ほどある、障害者《しょうがいしゃ》が自立生活をするための支《し》援団体《えんだんたい》で、今のわたしの職場《しょくば》も東京都東大和市のCILです。

1年後の2002年は、日本と韓国《かんこく》の共同開催《きょうどうかいさい》でサッカーのワールドカップが開かれることになっていました。

しかし、韓国《かんこく》では車いすが普及《ふきゅう》していなかったり、バリアフリーが整備されていなかったり、障害者《しょうがいしゃ》がワールドカップを見に出かけるのが困難《こんなん》な環境《かんきょう》でした。日本の福祉《ふくし》だって進んでいるとはいえませんが、韓国《かんこく》はもっと進んでいませんでした。

そこで、日韓《にっかん》の障害者《しょうがいしゃ》が韓国《かんこく》の南にあるプサンから北にあるソウルまで512㎞を歩き、バリアフリーの調査《ちょうさ》をしながら、障害者《しょうがいしゃ》の存在をアピールしていこうというイベントでした。わたしは喜んでその活動に参加することにしました。

イベント参加者は障害者《しょうがいしゃ》と健常者《けんじょうしゃ》を合わせて日本から20人、韓国《かんこく》から10人くらい。1カ月かけてみんなで野宿《のじゅく》しながら歩きました。夕方になると公園や小学校の校庭に車いすをとめ、寝袋《ねぶくろ》で眠《ねむ》る生活です。たいへんでしたが友だちもたくさんできて、ものすごく楽しい1カ月でした。

キックオフ！
ゴール
ソウル
ビューン
キムチ
韓《かん》国《こく》
から〜い
512km
そよそよ
スタート
プサン
ぴょん

わたしは旅が好きでいろんな国を旅したことがありますが、ヨーロッパやアメリカは障害者《しょうがいしゃ》に対してとてもフレンドリー。車いすの人がふつうに町を歩いているし、それがあたりまえになっています。

でも、アジアの国では日本もふくめて障害者《しょうがいしゃ》への差別がいっぱいある。障害者《しょうがいしゃ》が外に出ていきにくい環境《かんきょう》です。その中に入って人びととふれあい、やり取りしていく中で、相手が変わっていくのはとてもおもしろい経験《けいけん》でした。

韓《かん》国《こく》の人たちのあたたかさ

韓《かん》国《こく》で印象深いのは、「サバイバルホームステイ」です。野《の》宿《じゅく》はとても楽しかったのですが、ずいぶん慣《な》れて飽《あ》きてきたころ、ゲームをすることにしました。

日本人、韓《かん》国《こく》人《じん》、障《しょう》害《がい》者《しゃ》、健《けん》常《じょう》者《しゃ》をいろいろ組み合わせた3人のチームに分かれ、今日の寝《ね》場《ば》所《しょ》をかけて民家のインターホンを押《お》していくのです。田《いな》舎《か》の町でピンポンと押《お》しながら3～4軒《けん》ことわられ、5軒《けん》目《め》になったときでした。

「今、別のチームが来たけどことわったんだよ」

その家のおじさんが言いました。

「部屋じゃなくていいんです。廊《ろう》下《か》でも寝《ね》られるので1日だけ泊《と》めてください」

わたしたちもねばります。すると、おじさんは「うーん」とうなって家の中に入り、また出て来て「いいよ」と言いました。

しぶしぶかしてくれた感じでしたが、入ってみればいたれりつくせり。お風《ふ》呂《ろ》も入らせてくれたし、娘《むすめ》さんの部屋をあけてくれて、「この部屋とふとんを使っていいよ」と言ってくれたのです。

「ごはん食べた？」と聞かれたので、「まだです」と言うと、その家のごはんは終わっていたにもかかわらず、作り直してくれました。近所の人たちにうわさは広まり、おかずがじゃんじゃん集まって来てびっくり。とてもやさしい人たちでした。

韓国《かんこく》は、食べることがだいじな国。あいさつがわりの言葉が「パンモゴッソ？（ごはん食べた？）」なのです。

食事をするときは、個別《こべつ》のお皿ではなく大きなお鍋《なべ》をみんなでつつきます。とても家庭的であったかい気持ちになりました。

長い間いっしょに旅をしていると、国の文化のちがいもよくわかります。日本人はきれい好きで、韓国人《かんこくじん》は食事が最優先《さいゆうせん》。

「今日はここで泊《と》まろう」と野宿《のじゅく》する場所が決まると、日本人は一刻《いっこく》も早くお風呂《ふろ》に入りたがります。お風呂《ふろ》といっても基本的には野宿《のじゅく》なので、公園の水道にホースをさして頭から水を浴びるていど。夜になるとはだ寒くなるので、あったかいうちに浴びたいのです。でも、韓国人《かんこくじん》は「早くごはんを食べにいこう」と言います。優先順位《ゆうせんじゅんい》がちがいます。

毎晩《まいばん》、「ごはんが先だよ」「いや、お風呂《ふろ》だよ」と、スポーツなどの〝プチ日韓戦《にっかんせん》〟みたいで笑ってしまうことばかりでした。

わたしは生活すべてに介助《かいじょ》が必要なので、「ここを持って」とか「ここを抱《かか》えて」とか、伝えなければならないことがたく

さんあります。そのため、最初は言葉が通じないメンバーには介助《かいじょ》をたのめませんでした。

でも、時間がたつにつれてカタコトの身ぶり手ぶりで伝え合って、どんどん境《さかい》目《め》や壁《かべ》がなくなっていく感じを味わうこともできました。

旅をしながら考えたこと

車いすで行列しながら歩いていると、びっくりしてよけていく人もいましたが、「なにをやってるの?」と声をかけられることもよくありました。ふつうの人たちとのふつうのふれあいが、一つひとつ印象的でした。

旅の目的の一つは、建設中《けんせつちゅう》のサッカースタジアムのバリアフリーチェックをすること。いくつものスタジアムが建設中《けんせつちゅう》だったので、みんなで中に入りました。

「このエレベーター、車いすだとボタンに手が届《とど》きませんよ」

「この段差《だんさ》はなくしたほうがいい」

「トイレの広さが足りませんね」

そんなふうに、気づいたことは直接《ちょくせつ》うったえました。

韓国《かんこく》では、「ちょっとここでごはんを食べよう」「トイレ休憩《きゅうけい》にしよう」といっても、

なかなかすんなりと進みません。

なぜなら、食堂に入ると「うちは座敷《ざしき》だから車いすの人は無理」と言われたり、しゃがむタイプのトイレしかなかったり、通路がせまくて車いすが入れなかったり、そんなことばかりなのです。

しかし、よく考えたら日本だってたいして変わりません。

車いすで町の中に出ると、たいへんな思いをすることがたくさんあります。障害者《しょうがいしゃ》はどこかいつもあきらめています。でも、あきらめているだけでは、不便さはまったく改善《かいぜん》されないのです。

韓国《かんこく》のお店で、わたしたちはたびたびお願いをしました。

「車いすだけど、ここでごはんを食べたいんです」

そうすると、お店の人がどうしたらいいかいっしょに考えてくれて、結局うまくいくことが何度もありました。たとえば、フローリングの床《ゆか》に低いテーブルが置いてある店では、テーブルを2台重ねると車イスでも使える高さになります。

だんだんに、わたしたちも旅慣《たびな》れていきました。不便なところがあれば「こういうやり方もありますよ」と自分たちで提案《ていあん》しながら積極的に関わっていくことで、お店の対応《たいおう》もよくなっていきました。そういうことが本当におもしろかった!

わたしは旅をしながら思いました。

障害《しょうがい》のある人が、地域《ちいき》の中であたりまえに生活する。それをあきらめないでやっていくだけでも、社会を変える大きな力になるんだって。

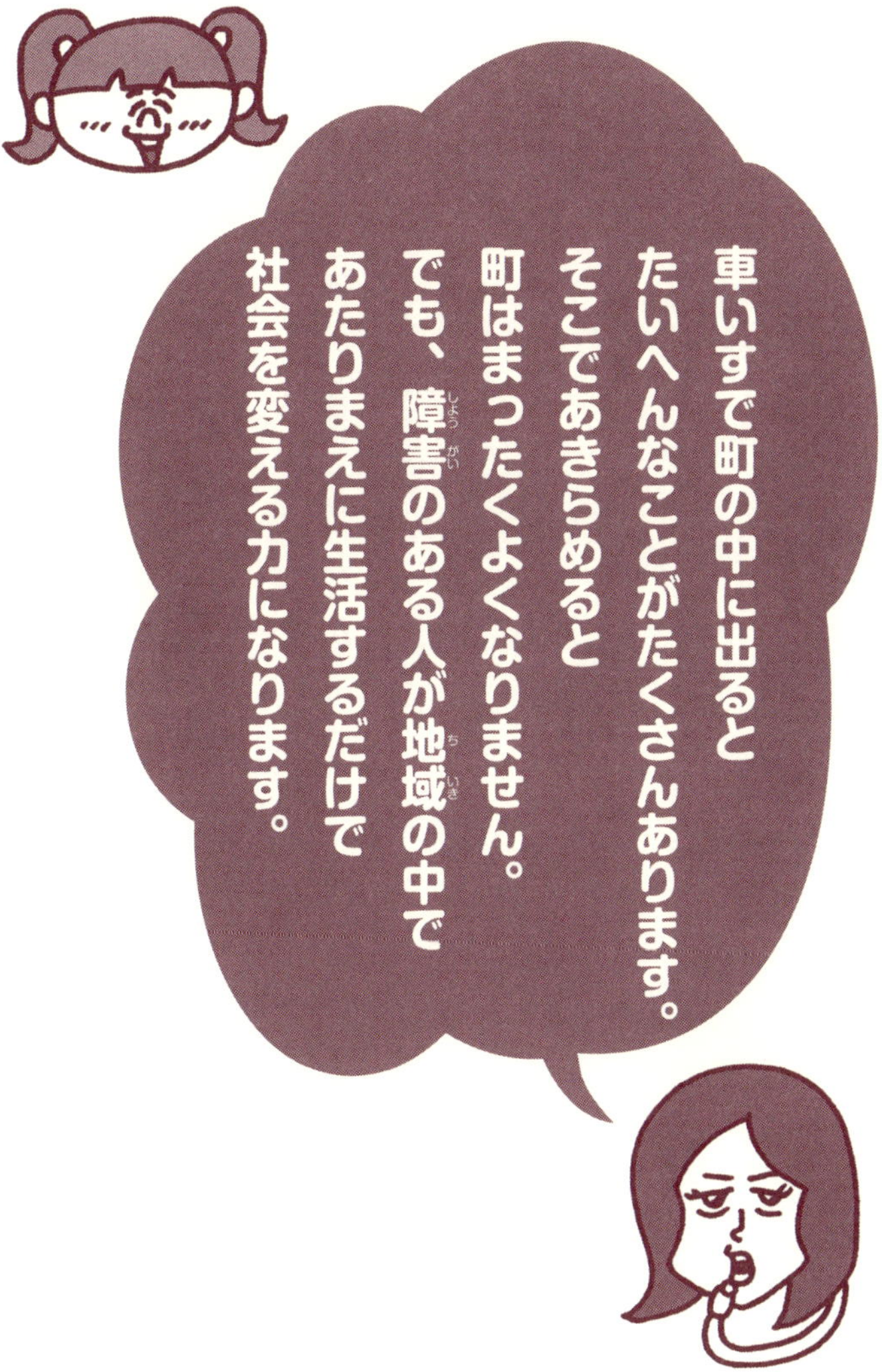
車いすで町の中に出ると
たいへんなことがたくさんあります。
そこであきらめると
町はまったくよくなりません。
でも、障害《しょうがい》のある人が地域《ちいき》の中で
あたりまえに生活するだけで
社会を変える力になります。

わたしにできる仕事はなに？

わたしはずっと健常者《けんじょうしゃ》の世界ですごしてきたので、障害《しょうがい》のない人がうらやましいと思ったときもありました。とくに、わたしだけ就職《しゅうしょく》が決まらなかったときには、友人からおいてきぼりにされた気持ちがふくらみました。

でも、日韓《にっかん》トライ２００１に参加して、韓国《かんこく》の農村や町で出会った多くの人に言われました。

「そんなこと知らなかった。勉強になったよ」

「こうすれば、車いすでも大丈夫なんだね」

韓国《かんこく》もそうですが、日本も障害者《しょうがいしゃ》にとっては不便なことがたくさんあります。それは、健常者《けんじょうしゃ》が障害者《しょうがいしゃ》を知らないからです。知らないから、健常者《けんじょうしゃ》と障害者《しょうがいしゃ》の間にバリアがある。でも、ほんの少し知ることで変わるのです。

このイベントに、仲間として参加していたメンバーもそうでした。

介助経験《かいじょけいけん》のない人も多かったし、言葉も通じないので、最初は「どこまで手助けしたらいいのだろう？」という不安や、ぎこちなさがありました。

しかし、1カ月間いっしょに野宿《のじゅく》をしていると、ケンカもするしいっしょにわらいあって、ふつうの友だちになっていきます。カタコトの日本語と韓国語《かんこくご》で、身ぶり手ぶりで伝え合っていっしょにすごしていくうちに、言葉の壁《かべ》も障害《しょうがい》の壁《かべ》もなくなっていく。

その感じはとても心地いいものでした。バリアを取り去り、おたがいをよく知っていくことで、社会は変わるのです。

それまでのわたしは健常者《けんじょうしゃ》と同じように就職《しゅうしょく》し、組織《そしき》の中で与えられた役目をはたすのが仕事だと思っていました。

でも、このイベントを通して、それはとてもせまい考えかただったと気づきました。

通勤する
ふつうに
生活する
服を買う
本屋に行く
カフェに行く

わたしにできるのは、車いすで外に出ていき、自分たちの存在《そんざい》や生活を知ってもらうこと。そのために地域《ちいき》でふつうに生き、ふつうに生活することが、大きな仕事なのではないかと気づいたのです。

ふつうの生活というのは、たとえば今まであきらめていた段差《だんさ》のある建物や、通路のせまいお店に、車いすで入ってみること。そして「段差《だんさ》をなくすスロープをつけてください」とか「ちょっと通路を広げてもらえますか」と言ってみること。

健常者《けんじょうしゃ》があたりまえにやっているように、車いすでいきたいところにいってみよう。

自分から人と関わるきっかけをつくっていこう。

それが、わたしの仕事なんだ。

心が決まると、勇気がわいてきました。

日本に帰り、わたしはもういちど家を出て、自立生活をすることにしました。

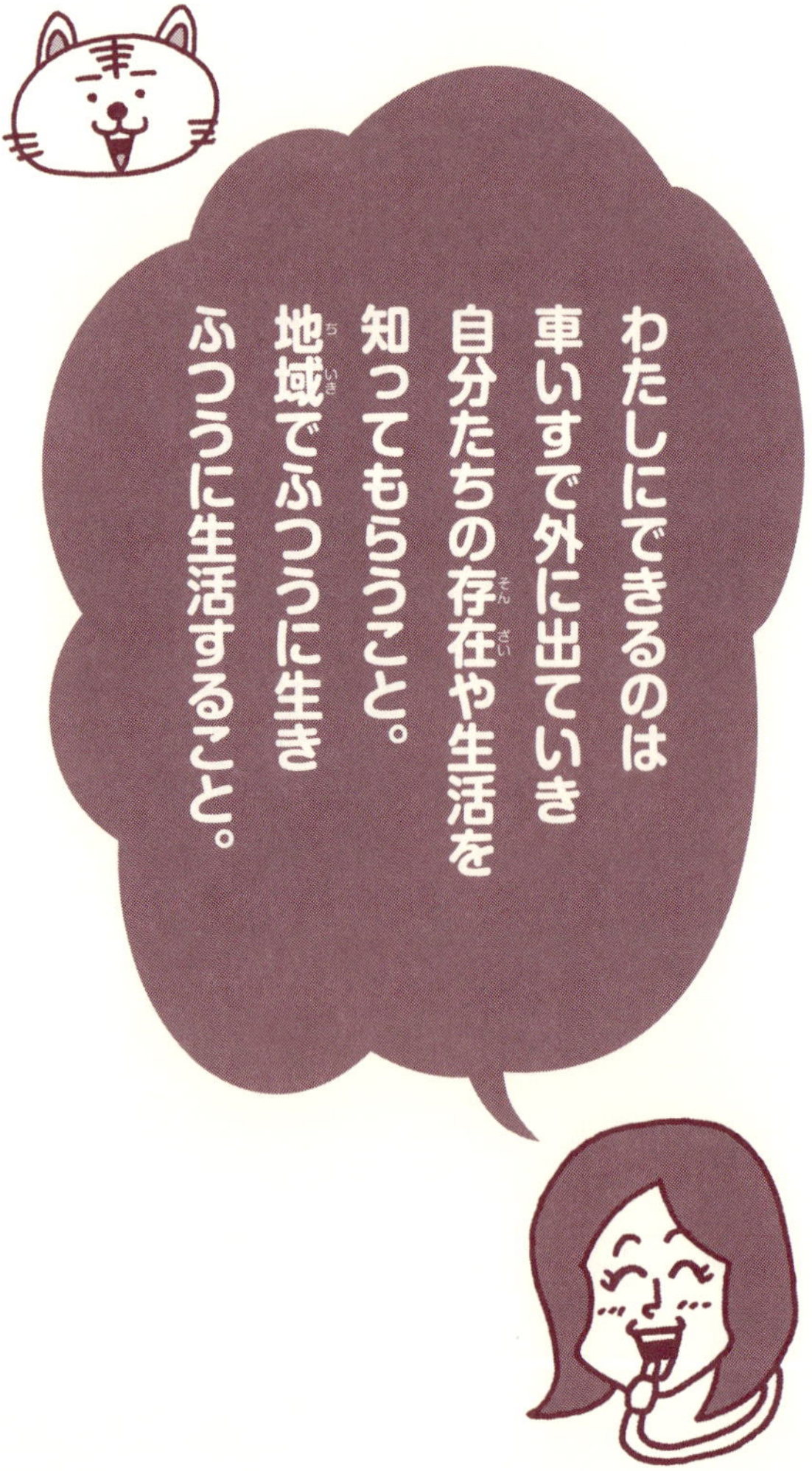
わたしにできるのは
車いすで外に出ていき
自分たちの存在《そんざい》や生活を
知ってもらうこと。
地域《ちいき》でふつうに生き
ふつうに生活すること。

2章 障害者ってかわいそうなの？

いっしょに話そう②

この中に車いすの人はいますか？

いませーん。

もし、車いすの人がいたら運動会はどうする？

やる！

でも、徒《と》競《きょう》走《そう》があるでしょう？　車いすの人は走れません。自分で車いすをこいだとしても、ゆっくりしか走れないよ。そこでクイズです。どうやったらみんなでいっしょに走ることができるでしょうか？

海老原さんの乗ってる電動の車いすで参加してもらう。

この車いす、速そうだけど時速4・5㎞しか出ないの。みんなが走るスピードはもっと速いでしょう。絶対負けちゃうよ。

じゃ、車いすを人に押《お》してもらったら?

そうすると、ちょっと速く走れるね。でも、全力で走ってる人には負けちゃいそうじゃない?

何秒か待ってから走る。

なるほど。足の速い子は、車いすの人よりスタートの時間を遅《おく》らせるのね。すばらしいアイデアだね。まだあるかな?

みんなが歩いて競争する。

速歩きと、車いすとで競争するのもいいね。

全員、車いすに乗っちゃえばいい。

わあ、それはすごくいい考え! 車いすの人はその状態《じょうたい》を変えられないけど、まわりの人がちょっと工夫をすれば、同じように徒競走《ときょうそう》に参加することができそうだね。

クラスの中に
車いすの人がいます。
運動会でいっしょに
徒《と》競《きょう》走《そう》をするには
どうしたらいいでしょうか?

車いすの理由は人それぞれ

わたしが車いすに乗っているのは、SMA（脊《せき》髄《ずい》性《せい》筋《きん》萎《い》縮症《しゅくしょう》）という病気のため。車いすに乗っている人の中には、わたしと同じ病気の人もいますが、ちがう病気の人もたくさんいるのはわかりますよね。元気だったのに、とつぜん事《じ》故《こ》にあって車いす生活になる人もいます。

中学生のときに体育館の屋根の上でお弁《べん》当《とう》を食べようとして、うっかり滑《すべ》って落ちて脊《せき》髄《ずい》損《そん》傷《しょう》になった人。彼《かの》女《じょ》の前でかっこつけようとして土手を走り降りたら壁《かべ》に激《げき》突《とつ》して頸《けい》椎《つい》損《そん》傷《しょう》になった人、夜中のプールに仲間としのびこみ、飛びこんだら水が入っていなくて首の骨《ほね》を折った人もいます。

脊《せき》髄《ずい》損《そん》傷《しょう》や頸《けい》椎《つい》損《そん》傷《しょう》で車いす生活になった人の中には、そんなやんちゃな理由を持つ人がたくさんいるのです。

一方で、アフリカ人の障《しょう》害《がい》者《しゃ》に「なんで車いすになったの？」と聞くと、「銃《じゅう》で撃《う》たれたんだよ」という答えが返ってきたこともありました。そこには日本とはちがう深《しん》刻《こく》な問題がよこたわっている場合もあります。

事故《じこ》の人もいれば、病気の人もいる。事故《じこ》の理由もいろいろだし、病気だっていろいろです。障害者《しょうがいしゃ》にも物静かでおとなしいタイプの人もいれば、理屈《りくつ》っぽい人もいる。みんなを仕切るのが好きなリーダータイプもいます。

障害《しょうがい》の理由は人それぞれ。体の状態《じょうたい》もちがうし、一人ひとりの個性《こせい》もみんなちがいます。車いすだからといって、ひとくくりにはできないことをおぼえていてください。

いっしょに遊ぶ方法を考えよう

車いすの友だちや、目の見えない友だちが、どうやったらいっしょに参加できるか考えることを「合理的配慮《ごうりてきはいりょ》」といいます。

合理的《ごうりてき》とは、だれもが納得《なっとく》するきちんとした理由があること、配慮《はいりょ》は「気づかい」といった意味を持っています。ちょっとむずかしいことばですが、大切なのでぜひおぼえてください。

1章で、「障害《しょうがい》は社会の仕組《しく》みのほうにある」という社会モデルの考えかたを話しましたね。

合理的配慮《ごうりてきはいりょ》というのは、この考えかたにそって、障害《しょうがい》のある人それぞれに合わせた工夫をしていくことです。

「文字の読み書きがむずかしければ、音声を読み上げるコンピュータソフトを使いましょう」「段差《だんさ》にスロープをつけましょう。それが無理ならみんなで運びましょう」というのが合理的配慮《ごうりてきはいりょ》です。

これは、本人と相談して決めることがたいせつです。勝手に「あなたのためを思って配慮《はいりょ》しました」というやりかたではなく、話し合って決めていくのです。

この章の最初に、車いすの友だちと徒競走《ときょうそう》するために出てきた子どもたちのアイデアだって、すべて合理《ごうり》的配慮《てきはいりょ》です。

言葉はむずかしいけれど、みなさんにもできそうでしょう?

合理的配慮《ごうりてきはいりょ》は、障害《しょうがい》のある人のた

合理的配慮《ごうりてきはいりょ》
かけっこ

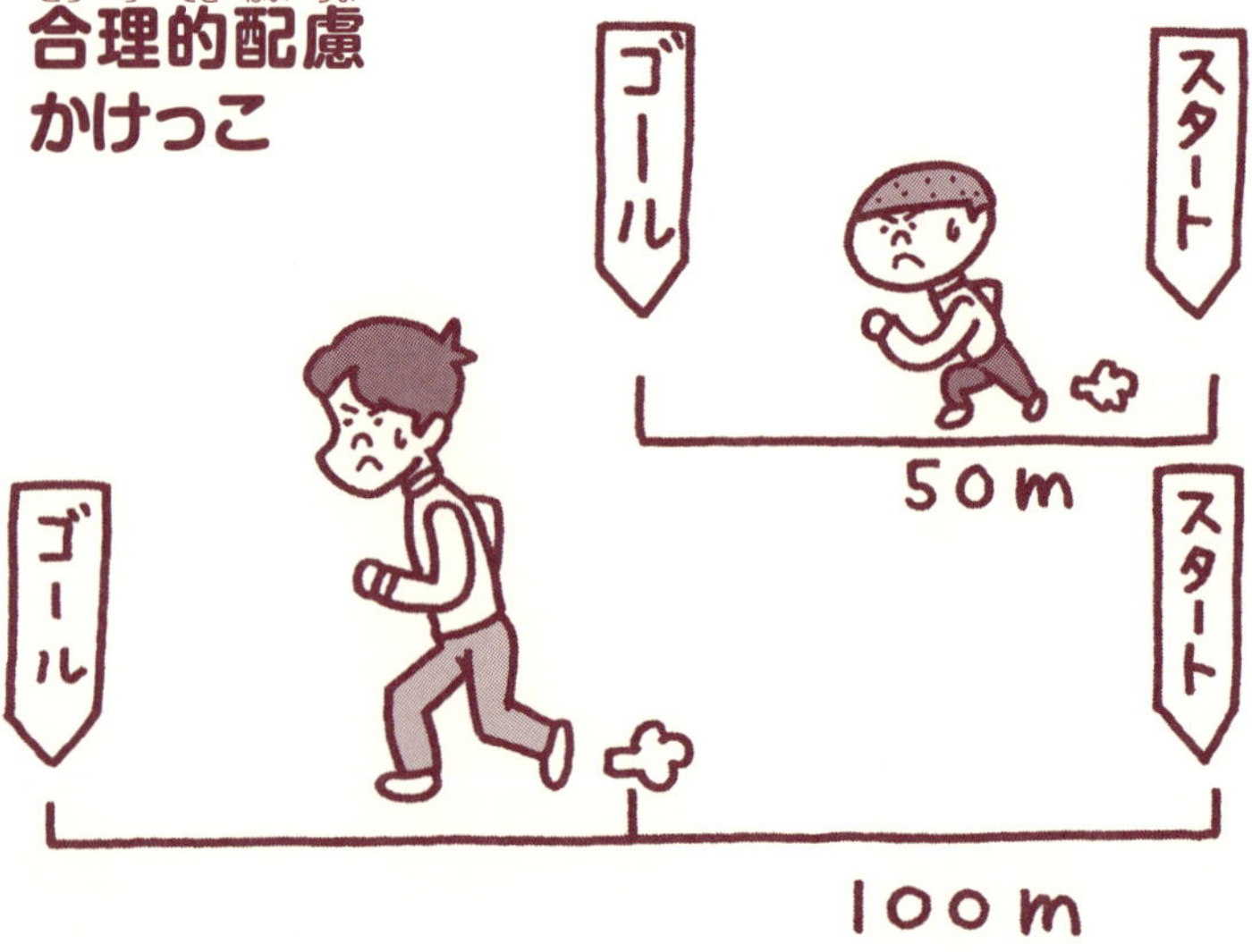

めだけではありません。妊婦《にんぷ》さんやお年寄《としよ》りが安心して過《す》ごせる工夫や、小さい子といっしょに遊ぶときに、その子のためのルールを考えることも合理的配慮《ごうりてきはいりょ》です。

たとえば、野球をするとき「小さい子の走る距離《きょり》は半分でいいよ」とか「大きい子は、打ったあと1、2、3と数えてから走る」などと、特別なルールを考えたことはありませんか。小さなきょうだいがいる人なら、いつもやっているかもしれませんね。

小さな子がいれば、小さな子のためのルールを考えるように、車いすの人といっしょにいれば、その人と楽しむ方法をみんなが考えるようになります。

社会の中でも、障害《しょうがい》のある人とない人が、もっと友だちになって、いっしょにいるようになるといいのにとわたしは思います。

小さい子といっしょにいれば、
小さい子のための
ルールを考えるように
車いすの人といっしょにいれば
その人と楽しむ方法を
考えるようになります。

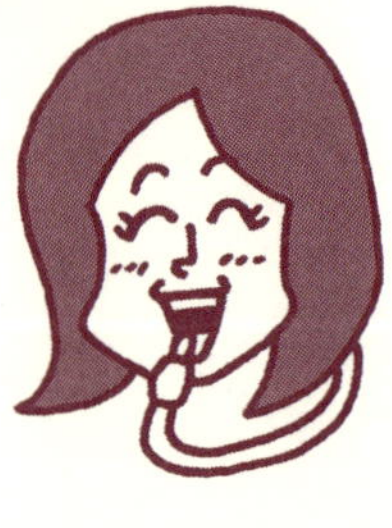

ラーメン屋さんの合理的配慮《ごうりてきはいりょ》

わたしが毎日使っている人工呼吸器《じんこうこきゅうき》は、バッテリーで動いています。充電《じゅうでん》すれば10時間はもちますが、出かけるときはいつもコンセントがあったら充電をするようにしています。

実際《じっさい》、２０１１年の東日本大震災《ひがしにほんだいしんさい》のときは長時間の停電になったため、呼吸器《こきゅうき》のバッテリーが切れて亡《な》くなってしまった仲間もいます。わたしにとって、バッテリーは大切な命づな。震災《しんさい》のあとは、どこでもコンセントを探《さが》すようになりました。

少し前まで、うちの近所にラーメン屋がありました。帰りが遅《おそ》くなってもお店が深夜まであいているので、ラーメンを食べて帰るのがわたしの小さな楽しみでした。

遅《おそ》くまで外に出かけていると、呼吸器《こきゅうき》のバッテリーはほとんどなくなっています。初めてその店にいったとき、入っていきなり「コンセント、かしてもらえますか？」と言ったため、「え？」と不思議な顔をされました。

つでも
電できる
ンセント
いらっしゃい
合理的配慮《ごうりてきはいりょ》ラーメン
おいしい
煮たまご
とんこつ
しょうゆ味
細切れ
チャーシュー
ょうど
い量のめん

「これ、呼吸《こきゅう》するための機械《きかい》なんです。もうすぐバッテリーが切れちゃいそうだから」わたしが言うと、お店の人は「たいへん、たいへん！」と言って、ラジオのコンセントを抜《ぬ》いて使わせてくれました。

「あー、助かった！」

お礼を言うと、次からは店に入っただけでコンセントの準備《じゅんび》をしてくれるようになりました。

ラーメン屋の店長は、最高に気配りができる人でした。

わたしが一人前を食べ切れなくて「ごめんね、量が多くて残しちゃった」と言うと、次はなにも言わないのに食べ切れる量で出してくれました。

また、チャーシューをおはしで一生懸命《いっしょうけんめい》、切りながら食べていたら、次にいったときは細かく切って出してくれるようになりました。こちらがたのまなくても、わたしのことをよく見て気をきかせてくれるのです。

別の居酒屋《いざかや》では、こんなことがありました。

わたしはみんなといっしょにお酒を飲むのが大好きです。どんなお酒もストローで飲んでいます。ただ、日本酒の器は小さなおちょこなので、ふつうのストローだと長すぎて落っこちてしまいます。

そこで店員さんに「ストローが長くて」と言ったら、すぐにちょうどいいサイズにカットしてくれました。次からは、わたしが日本酒を頼《たの》むと必ず短いストローがセットで出てくるようになりました。

合理的配慮《ごうりてきはいりょ》ってこういうこと。わたしのまわりは、合理的配慮《ごうりてきはいりょ》の〝嵐〟です。

あのラーメン屋の店長や、居酒屋《いざかや》の店員たちは、わたし以外の障害者《しょうがいしゃ》に出会ったとしても、その人に合わせた自然な対応《たいおう》ができるはず。それってすごくすてきなことだと思うのです。

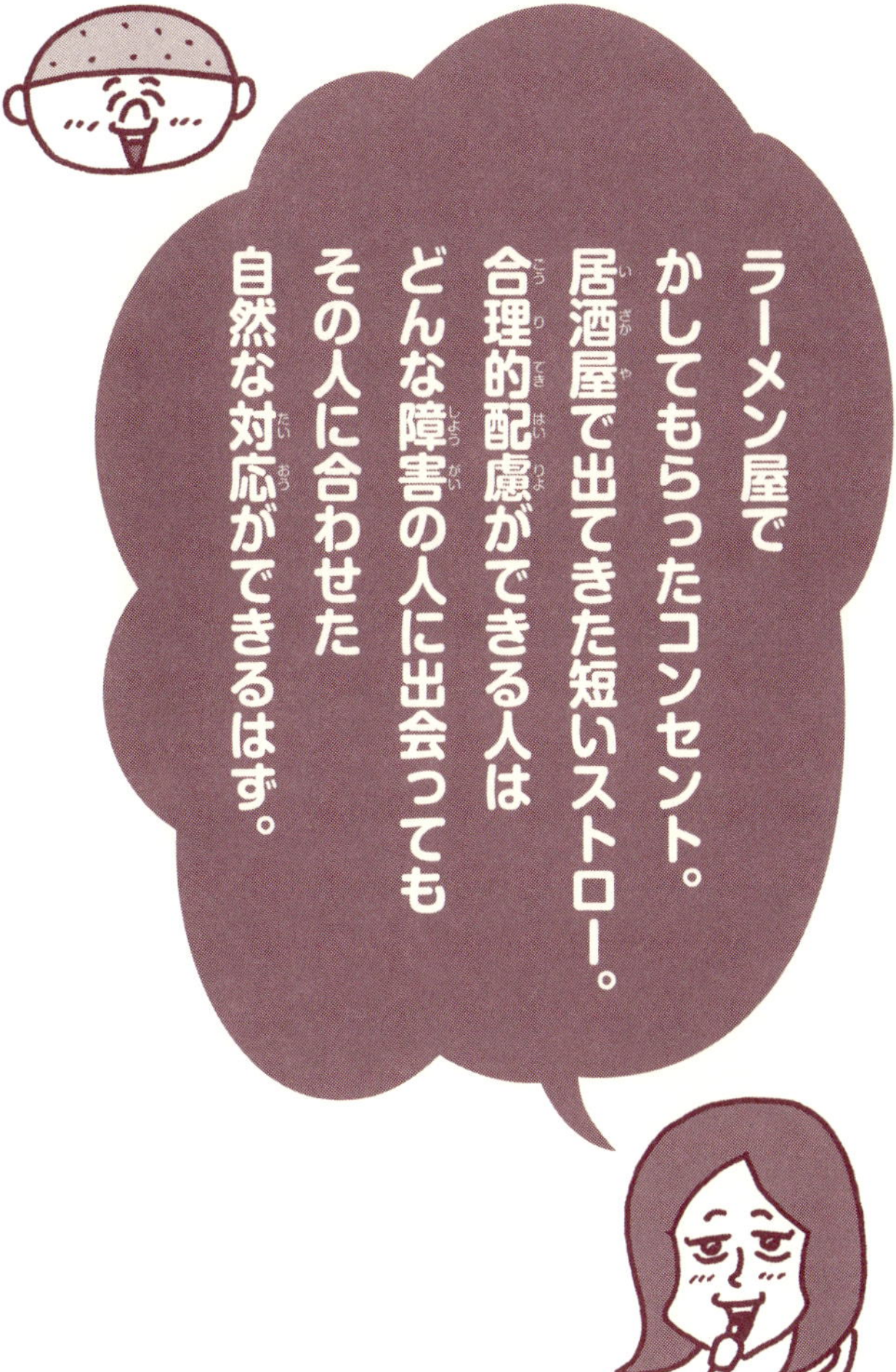
ラーメン屋で
かしてもらったコンセント。
居酒屋《いざかや》で出てきた短いストロー。
合理的配慮《ごうりてきはいりょ》ができる人は
どんな障害《しょうがい》の人に出会っても
その人に合わせた
自然な対応《たいおう》ができるはず。

アルプス子ども会キャンプのこと

健常者《けんじょうしゃ》と障害者《しょうがいしゃ》がいつも別々にくらしているところでは、急に「いっしょに遊ぼう」と言ってもなかなかすぐには遊べません。

たいてい障害者《しょうがいしゃ》のほうが「自分がいると迷惑《めいわく》になっちゃう」とか「悪いな」と思って、引いてしまい、「じゃあ見学してるね」となるからです。

でもわたしは、小さいころから健常者《けんじょうしゃ》の中でくらしてきたので、遊ぶときも「いっしょにやらせて」と、いつも遠慮《えんりょ》せず言ってきました。

そのたびに、みんなの話し合いがおこなわれます。

「どうする？　えびちゃんがやりたいって言ってるよ」

車いすの子といっしょに遊ぶには、いつもとちがう方法をさがさなければいけないし、いい方法を見つけるには時間もかかります。

でも、おとなになってみると、この話し合いこそ合理的配慮《ごうりてきはいりょ》を考えるものだったなあと思うのです。

わたしは小学1年から中学1年まで、毎年長野でおこなわれるキャンプに参加していました。「アルプス子ども会」という団体《だんたい》がおこなっているそのキャンプは、全国からたくさんの子どもたちが集まってきます。

わたしにとってはその5日間だけが、年に一度、親から離《はな》れられる絶好《ぜっこう》のチャンスでした。たくさんの歌を歌って、飯盒炊爨《はんごうすいさん》や野外活動をして、本当に楽しかったなあ。

初めて一人で参加した1年生のときだって、ホームシックにはなりませんでした。

鬼《おに》ごっこやSケンという原っぱでの遊びをおぼえたのもそのキャンプです。Sケンは地面に大きくSの字を書いて、ケンケンしながら陣地《じんち》をとっていく遊び。

もちろんわたしはふつうに歩くこともできないし、ケンケンだってできません。だから、参加する方法はみんなで話し合います。

「ひーちゃんは、ケンケンできないけどどうする?」

低学年のころは、班のリーダーに抱《だ》っこしてもらって参加しました。高学年になってくるとさすがに重いので、わたしの役をだれかに代わってもらいます。「そっちじゃなくて、もっと右、右!」なんて言いながら、わたしは横から大きな声で指示を出しました。

ほかにも、鬼《おに》ごっこでは審判《しんぱん》をやったり、タイムキーパーをやったり、さまざまなかたちで遊びに参加しました。小学校の体育の時間は見学をすることも多かったのに、ここでは「できないから見学ね」ということは一度もありませんでした。

それは、子どもたちがみんなで参加できる方法をいつも考えていたからです。すごいことですよね。

このキャンプは長い歴史がありましたが、わたしが参加するまで障害《しょうがい》のある子どもが参加したことはなかったそうです。

新聞の「キャンプ参加者、募集《ぼしゅう》」の広告を見て、母が「ことわられるかな?」と思って問い合わせたら、「障害者《しょうがいしゃ》が参加した経験《けいけん》はありませんが、ぜひやらせてください」と言って受け入れてくれました。

わたしは障害《しょうがい》のある参加者の第1号だったのです。

キャンプの間は、子どもたちが寝しずまったあとに、毎晩《まいばん》リーダーたち（大学生以上のおとな）が会議をしています。わたしの明日の行動も毎日話し合われていて、ほとんどすべての活動に参加することができました。

その後、障害《しょうがい》のある子どもがたくさん参加するようになり、今でもアルプス子ども会のキャンプは続いています。

わたしが参加したことで、このキャンプが変わったのかもしれません。

今思えば、楽しかったキャンプは、社会を変える初めての経験《けいけん》だったように思います。

平等ってなんだろう?

とつぜんですが、みなさんは「平等」ってなんだと思いますか?

わたしはずっと、「同じものを、同じだけ分ける」ことが平等だと思っていました。

その考えがまちがっていたと知ったのは、スウェーデンにいったときです。

訪問先《ほうもんさき》で「ケーキがあるから食べましょう」と、ホールケーキが出てきました。そこには10人くらいがいたので、当然人数分に切り分けるものだと思っていました。

すると、「ヒロミはどれくらい食べる?」と聞かれたのです。

「平等に、人数分に切り分けるんじゃないの?」

わたしが言うと、スウェーデンの人は答えました。

「その人がどれくらい食べたいか。それにかなう量が来るのが平等だよ」

たしかに、たくさん食べたい人もいれば、ひと口だけでいいという人もいるでしょう。

体の大きさだってちがう。みんなが同じだけ食べなくちゃいけない、ということもありません。

自分が必要としている分がちゃんと来るのが平等だと言われて、わたしは衝撃《しょうげき》を受けました。大人になるまであたりまえだと思っていたことに、「そのあたりまえを、もっとよく考えようよ」と言われた気がしました。

日本では、お店でサラダが大皿で出てくると、だれかがお皿に取り分けてくれます。5人なのに、プチトマトが4個《こ》しかないと、「どうしよう」って悩《なや》むかもしれない。でも、トマトはあまり好きじゃないからいらないという人だっているはずです。

「必要な分をもらうことが平等」という考えかたを知ると、「みんなに同じだけ分けるのが平等」という考えかたが、なんだかちょっとおかしなものに思えてきました。

スウェーデンでは障害者《しょうがいしゃ》の介助《かいじょ》ヘルパーも、24時間必要な人には24時間のサービスを、1日3時間でいいという人には3時間のサービスを提供《ていきょう》しています。

ところが日本では、みんなが同じように「1日10時間まで」と決められて、それを使うことが平等になっている。「それって本当の平等かな?」と思うのです。必要なものや量は、一人ひとりちがうからです。

スウェーデンの平等は、一人ひとりの望むことをしっかり聞かなければなりません。

それぞれがちがうので、平等はとてもめんどうです。

だから日本では、そのような考えかたが広まらないのかもしれません。

「同じにしておけば、文句《もんく》は言われないだろう」という平等。

「同じだけ分けといたからね、はい終わり！」という平等。

考えることが、そこで止まっていないでしょうか。

平等という言葉を聞くと、わたしは「クセモノだなあ」と思います。なんとなくいい言葉に聞こえるけれど「だまされないぞ」って身がまえてしまいます。

わたしが思う平等は、スウェーデンでの体験がベースになっています。平等とは、その人が必要としている分がちゃんと与《あた》えられること。障害《しょうがい》がある人にとっては、地域《ちいき》でふつうの生活ができるように、その人にとって必要な環境《かんきょう》がしっかりととのえられることだと思うのです。

その人が必要とする分をもらう

＝

平等

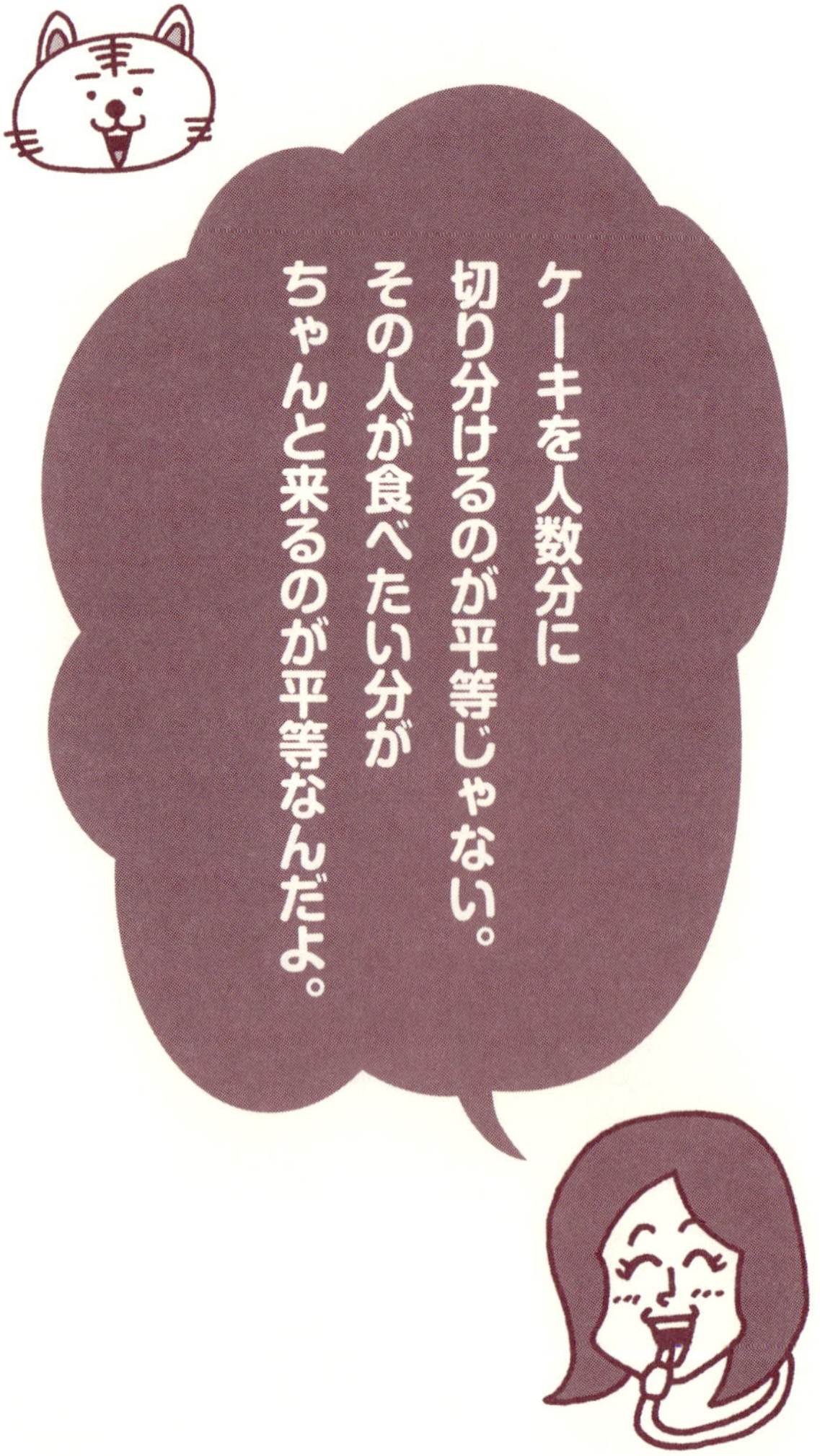
ケーキを人数分に
切り分けるのが平等じゃない。
その人が食べたい分が
ちゃんと来るのが平等なんだよ。

思いやりってなんだろう?

わたしが「クセモノだなあ」と思う言葉がもう一つあります。

それは、「思いやり」です。

「思いやりって、だいじじゃないの?」

ふつうはそう思いますよね。

思いやりとは、相手に対してやさしい心を持つこと。家でも学校でも、思いやりを大切にしなさいと言われているかもしれません。

でも、ちょっと立ち止まって考えてほしいのです。


みなさんに知ってほしいのは、日本で障害者運動《しょうがいしゃうんどう》が始まるきっかけとなった事件《じけん》です。

1970年、横浜市《よこはまし》で重度の脳性《のうせい》まひの2歳《さい》の女の子を、お母さんがエプロンのひもでしめ殺してしまいました。

脳性《のうせい》まひとは、出産のときに酸欠状態《さんけつじょうたい》になるなどして起きる生まれつきの障害《しょうがい》です。

体にまひが出て動かなかったり、筋肉《きんにく》がつっぱるような状態《じょうたい》になったりします。

そのお母さんは、つきっきりで女の子の介護《かいご》をしていました。自分もたいへんだし、この子がかわいそう。大きくなっても将来《しょうらい》の希望が持てない。そう考えて、自分の子どもを殺してしまったのです。

殺人罪《さつじんざい》は大きな罪《つみ》ですが、このとき近所の人たちから声が上がりました。

「お母さんのたいへんさはよくわかる。だから刑《けい》を軽くしてあげてほしい」

その意見はだんだん大きくなっていきました。

すると今度は殺された女の子と同じ脳性《のうせい》まひの障害者《しょうがいしゃ》のグループが言いました。

「障害《しょうがい》があるからといって、わたしたちは殺されてもいい存在《そんざい》なのですか?」

そうして立ち上がった障害者《しょうがいしゃ》によって、障害者運動《しょうがいしゃうんどう》が始まったのです。

みなさんは、この事件《じけん》についてどう思いますか?

お母さんの刑《けい》は軽くしたほうがいいと思いますか？

「こんな姿《すがた》で生きていたってかわいそう」

「将来《しょうらい》、明るく生きていけるとは思えない」

結局、このお母さんは思いやりによって自分の子どもを殺してしまったのです。

わたしは思いやりという言葉は、どこか上から目線だと感じます。

「かわいそうだから、やってあげなくちゃ」

「たいへんな人がいたら、手伝ってあげなくちゃ」

そういう気持ちが、思いやりです。

もちろん、人に対するやさしい気持ちはたいせつです。でも、障害者《しょうがいしゃ》が弱くてかわいそうだから、助けてあげるのですか？

それはちがうんじゃないかと、わたしは思います。

障害者《しょうがいしゃ》は
弱くてかわいそうな存在《そんざい》だから
助けてあげるのですか？

思いやりより「人権《じんけん》」

障害《しょうがい》のある人もない人も、目指すのは思いやりじゃなくて「人権《じんけん》」です。

人権《じんけん》とは、すべての人が生まれながらに持っている、人が人らしく生きていくための権利《けんり》です。

子どもにも人権《じんけん》があるし、障害者《しょうがいしゃ》にも人権《じんけん》がある。ホームレスの人にも人権《じんけん》があり、もっと言えば犯罪者《はんざいしゃ》にだって人権《じんけん》があります。

人権《じんけん》と思いやりは、ぜんぜん別のものです。

「人権《じんけん》ってなに？　理解するのがむずかしそう」と思うかもしれません。

たしかに人権《じんけん》を説明するのは、わたしにとってもむずかしい挑戦です。でも、ここで人権《じんけん》についてじっくり考えてみたいと思います。


車いすの人が段差《だんさ》のある場所で困《こま》っていました。あなたはそばを通りがかったとします。手伝ってと言われたらどうしますか？

きっと手をかそうと思うでしょう。何人かで協力して車いすを持ち上げれば、段差《だんさ》を越えることができます。

では、あなたが手をかしてあげようと思ったのはなぜですか？

車いすの人が、かわいそうだから？

その車いすの人が、すごーくイヤな感じの人だったらどうしますか？

無視して通りすぎてしまうでしょうか？

「かわいそうだからやってあげよう」というのが思いやりです。

でも、車いすの人を助けるときに必要な気持ちは、「かわいそうだから」ではありません。障害《しょうがい》があっても、健常者《けんじょうしゃ》と同じようにふつうに生活する権利《けんり》がある。だから助けるのです。

「かわいそうだから」「弱いから」助けてあげるというほうが、わかりやすいものです。でもその気持ちは、相手や気分によって左右されてしまいます。

人権《じんけん》は、あなたの感情《かんじょう》や思いには左右されません。

イヤなヤツでも、ゆるせない相手でも、どんな人でも人間として生きる権利《けんり》があります。尊《そん》重《ちょう》される権利《けんり》があるのです。

極端《きょくたん》な例ですが、殺人をおかした人をどんどん死刑《しけい》にしてよいかというと、それもちがいます。被害を受けた人の立場にたつと「死刑《しけい》にしてほしい」という気持ちはわかりますが、殺人犯にも人権《じんけん》がある。簡単に死刑《しけい》にはできません。

どんな人にも人権《じんけん》があるのです。

人権《じんけん》と人の感情《かんじょう》は別だということを、おぼえておいてください。

人権《じんけん》は、あなたの感情《かんじょう》や
思いには左右されません。
イヤなヤツでも、
ゆるせない相手でも、
人として生きる権利《けんり》がある。
尊重《そんちょう》される権利《けんり》があるのです。

権利《けんり》を守り続けること

障害者《しょうがいしゃ》は長い間、差別をされてきました。

公共の乗り物に乗るときには、「車いすの人は手伝えるスタッフがいないから乗らないで」と乗車拒否《じょうしゃきょひ》にあうことがあったし、レストランでも「混《こ》んでいるときは車いすの人は来ちゃダメ」と言われました。

大多数の人の迷惑《めいわく》になるという理由で、車いすの人は遠慮《えんりょ》をしなければなりませんでした。それはあたりまえのことで差別だと思われていなかったし、差別をしてはいけないということも法律《ほうりつ》で決められていなかった。障害《しょうがい》のある人は、健常者《けんじょうしゃ》と同じ生活をする権利《けんり》がみとめられていませんでした。

日本で、障害者《しょうがいしゃ》の人権《じんけん》がみとめられてきたのは最近のことです。

健常者《けんじょうしゃ》がいつ電車に乗ってもいいのと同じで、障害者《しょうがいしゃ》だってどんな時間帯に電車に乗ってもいい。それは権利《けんり》なのです。

わたしには重度の障害《しょうがい》があり、生活のすべてに介助《かいじょ》が必要で、重度訪問介護《じゅうどほうもんかいご》という公的サービスを使っています。今は全部で15人のアテンダント（介助者《かいじょしゃ》）が交代で関わってくれています。

これも、わたしがふつうにくらしていくための権利《けんり》です。

アテンダントには、わたしがトイレやお風呂に入りたいときに介助《かいじょ》をしてもらうし、食べたいときに食べたいものをつくってもらうし、行きたいところにはいっしょにいってもらいます。人工呼吸器《じんこうこきゅうき》など機械《きかい》の操作《そうさ》もやってもらいます。

介助《かいじょ》されているからといって、わたしはいじけたり卑屈《ひくつ》になったりすることはないし、えらそうに命令するつもりもありません。介助《かいじょ》は障害《しょうがい》のない人と対等に生きていくため、自立して生きていくためのわたしの権利《けんり》なので、アテンダントにはわたしのやりたいことをはっきり伝えて動いてもらいます。

これらの権利《けんり》は、長年かけてようやく障害者《しょうがいしゃ》がつかんだものです。わたしたちはこうした権利《けんり》があると言い続け、努力して守り続けていかなければなりません。

なぜなら、だまっていると、大多数の意見に負けてしまいそうになるからです。ふつうの社会では、大多数の迷惑《めいわく》になる少数の人の権利《けんり》は、優先順位が低いと思われています。

だから、障害《しょうがい》のない人にもこのことを知ってほしいのです。


障害《しょうがい》のある人は、生まれたときから差別を受けています。

ふつう、赤ちゃんが生まれたら「おめでとう」と言われますが、障害《しょうがい》があるとわかった瞬間《しゅんかん》、「おめでとう」とは言われません。周囲の人はみんな困《こま》って、親は「これからこの子とどうやって生きていこう」となげきます。

障害《しょうがい》さえなければ差別されなかったのに、嫌《いや》な思いをせず生きてこられたのに、と多くの障害者《しょうがいしゃ》が思っています。

でも、障害《しょうがい》のある自分を好きになり、「障害者《しょうがいしゃ》だからこそできることがあるよ」と自信をもって生きることがだいじだとわたしは思っています。

そのために、自分たちの権利《けんり》をしっかりと守っていくこと。困《こま》ったときはちょっと手をかしてもらうこと。障害者《しょうがいしゃ》のことを多くの人に知ってもらうこと。それがわたしの仕事でもあると考えてます。

3章

人間の価値ってなんだろう?

いっしょに話そう③

もし自分に障害《しょうがい》があったとして、「病院や施設《しせつ》でくらしなさい」と言われたら、どう思いますか。

病院にいって障害《しょうがい》を治したほうがいいと思う。

でも障害《しょうがい》は、病院にいってもなかなか治らないよ。

そうかー。

治らなくてもやっぱり病院や施設《しせつ》にいたほうがいいかな？

自分だったら、あんまりいたくないかも。

神奈川県《かながわけん》の「津久井《つくい》やまゆり園」という施設《しせつ》で、障害《しょうがい》を持った人がたくさん殺されてしまった事件《じけん》を知っている人はいますか？

（パラパラと手が上がる）

津久井《つくい》やまゆり園は、障害者《しょうがいしゃ》の入所施設《にゅうしょしせつ》です。入所施設《にゅうしょしせつ》とは、

家族といっしょにくらせなくなった障害者《しょうがいしゃ》が住むところです。学校みたいな病院みたいな感じかな。2016年に、そこでくらしていた19人もの障害者《しょうがいしゃ》が殺されてしまいました。容疑者《ようぎしゃ》は、「障害者《しょうがいしゃ》はいろいろな人に迷惑《めいわく》をかけるから、いないほうがいいんだ」と言って、殺してしまったんです。どう思いますか。

………。

一人じゃなにもできない人は死んじゃってもいい？

だめ。

いてもいいよ。

今、ここにいたらどうする？

なにか、手伝う。

そうだよね。社会が少しずつ変わったり、みんなが少しずつ手伝ってくれたら、障害《しょうがい》は障害《しょうがい》じゃなくなっていくんだよ。

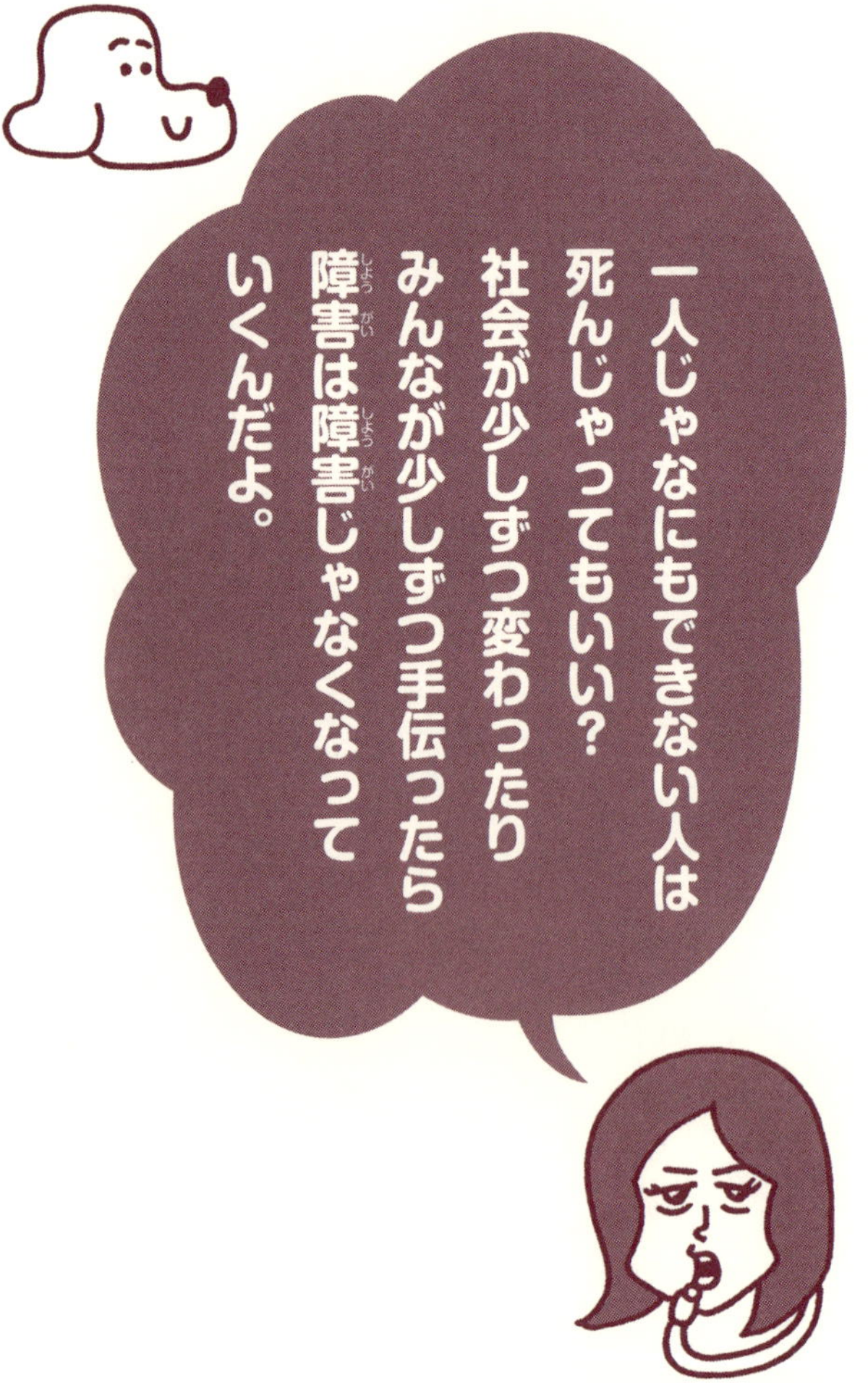
一人じゃなにもできない人は
死んじゃってもいい？
社会が少しずつ変わったり
みんなが少しずつ手伝ったら
障《しょう》害《がい》は障《しょう》害《がい》じゃなくなって
いくんだよ。

たいへんだけど、不幸じゃない

わたしはときどき、小学校や中学校に呼《よ》んでもらって自分のことについて話す機会があります。その後、子どもたちの感想文が送られてきます。

感想文をもらうのはとてもうれしいのですが、読んでいて「あれっ?」と思うことがあります。たとえば、こんな文章です。

海老原さんは困難《こんなん》なことがたくさんあるのに、それを乗り越《こ》えてとても明るかった。

「困難《こんなん》なんてないんだけどなあ。乗り越《こ》えているつもりもないけどな」

わたしは今の生活がおもしろいと思っていて、そのことを子どもたちに向けて話したつもりでした。

わたしと初めて出会う人は、びっくりするのかもしれません。呼吸《こきゅう》だって自分の力だけではできないし、体はやせて曲がっています。こんなようすだから「つらいことがたくさんあるんだろう」と思うのでしょう。

たしかに障害《しょうがい》をつらいと思っている人はいますが、そう思っていないわたしのような障害者《しょうがいしゃ》もいるのです。

わたしの場合、障害《しょうがい》は乗り越《こ》えるべきものではなく「共にある」もの。

車いすに乗っていることも、脊髄性筋萎縮症《せきずいせいきんいしゅくしょう》という病気も、呼吸器《こきゅうき》を使っていることも、わたしの特徴《とくちょう》でしかありません。

もちろん、できないことがたくさんあるのはたいへんです。でも「乗り越《こ》える」という言葉を使うと、障害《しょうがい》が「乗り越《こ》えなければいけない不幸」のように感じられます。

それは、わたしの気持ちとはちがいます。

わたしは決して不幸ではありません。

幸せメーター
100

「でも、たいへんなんでしょう?」

「たいへんだからおもしろいんですよ」

そう答えると、たいていの人に驚《おどろ》かれます。

「だって、なんでもあっさりできてしまったら、おもしろくないでしょう?」

たいへんさをおもしろがれるかどうかは、わたしの気持ちの問題だけではありません。介助《かいじょ》をしてくれる人、いっしょにたいへんな思いをしてくれる人、「たいへんだね」と共感してくれる人。そういう人に囲《かこ》まれているから、わたしはおもしろがれるのです。

もし、このたいへんさをわたしが一人で引き受けなければならないとしたら、それはとても不幸です。

だから「障害《しょうがい》があってたいへんでしょう?」という人には「いっしょにたいへんな思いをしてみようよ」って誘《さそ》いたくなります。

「いっしょにどうぞ。おもしろいよ」って。

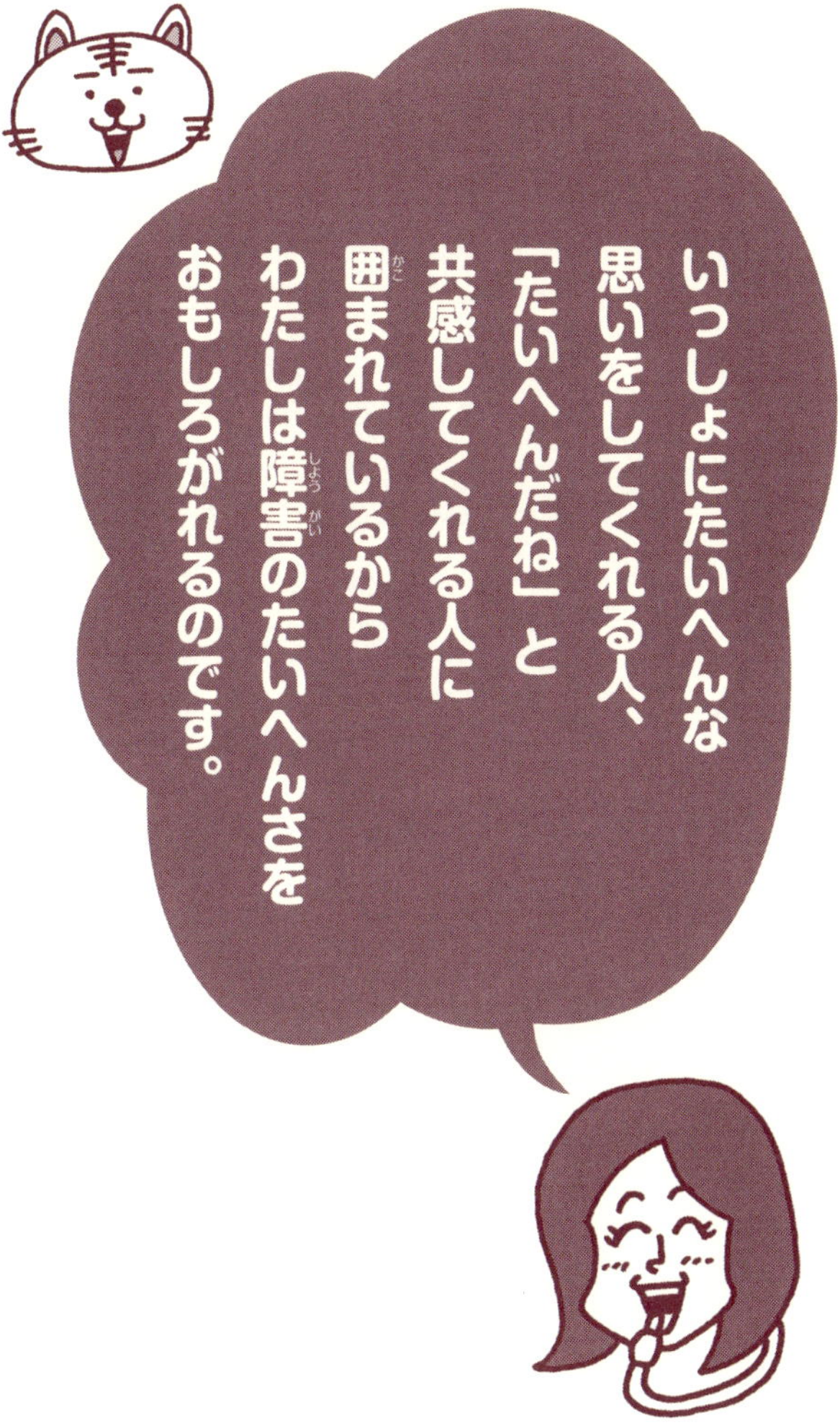
いっしょにたいへんな
思いをしてくれる人、
「たいへんだね」と
共感してくれる人に
囲《かこ》まれているから
わたしは障《しょう》害《がい》のたいへんさを
おもしろがれるのです。

人工呼吸器《じんこうこきゅうき》でも自立できる

わたしの仕事は、障害者《しょうがいしゃ》が地域《ちいき》で自立して生きることを、さまざまな面からサポートすることです。

いちばん多いのは、相談にのること。

「こんな障害《しょうがい》があるけれど、どういう制度《せいど》が使えるのですか?」

「今、介助《かいじょ》してくれているヘルパーさんとうまくいかないんだけれど、どうしたらいいですか?」

ほかにもお金の相談、住まいの相談、旅行にいきたいという相談、さまざまな相談をうけています。わたしと同じように人工呼吸器《じんこうこきゅうき》を使う人の相談にのることもあります。

人工呼吸器《じんこうこきゅうき》を使う人は、病院で寝《ね》ているしかないと思われていることも多いのですが、実際《じっさい》はそうではありません。家で生活しながら人工呼吸器《こきゅうき》を使っている人は、全国に2万人以上います。

でも、わたしのように人工呼吸器《じんこうこきゅうき》を使いながら一人ぐらしをして、自立した生活をする人はまだまだ少ない。たいていの人は家族といっしょにくらしています。

本人の年齢《ねんれい》が上がると、両親もだんだんに年をとります。家族が倒《たお》れたときはどうすればよいのでしょうか。

今は、多くの人が病院に移《うつ》っていきます。長期療養病院《ちょうきりょうようびょういん》といって、ケガや病気を治すためではなく、地域《ちいき》での生活を支えてくれる人がいない障害者《しょうがいしゃ》のための病院です。

そこにはたくさんの障害者《しょうがいしゃ》がいますが、看護師《かんごし》が少ないので、なかなか自分がやりたいことができません。

友人に聞いた話では、部屋に自分のパソコンがあって、見たいＤＶＤもある。パソコンにＤＶＤを入れてほしかったので、ナースコールを押《お》して「入れてくれませんか」と言ったら、やってもらえるまでに3日かかったそうです。

「今、ちょっと忙《いそ》がしいから待って」とか「ほかの人がトイレだから待って」と言われて3日間です。わたしはそれを聞いて、とてもせつなくなりました。

そしてこれからは、人工呼吸器《じんこうこきゅうき》を使っている障害者《しょうがいしゃ》でも地域《ちいき》で生活できるように、環境をととのえていかなくてはならないと思いました。そのためには、呼吸器《こきゅうき》の使いかたをちゃんと理解《りかい》して危険《きけん》をできるだけ少なくすることや、介助《かいじょ》にたずさわる人をもっと増《ふ》やすことが必要です。

管理されて安心な病院の生活か、危険《きけん》を覚悟《かくご》して自立した生活をするかは本人の自由。環境《かんきょう》がととのえば、わたしのように呼吸器《こきゅうき》をつけていても地域《ちいき》で自立して生活できる人が増《ふ》えていくと思います。

大好きな友人たちと
自宅でパーティー。

「生きるのがつらい」と「死にたい」はちがう

人工《じんこう》呼吸器《こきゅうき》について多くの人が持っているイメージは、病院のベッドでたくさんのチューブにつながれて、ごはんも食べられなくて、会話もできなくなった人が使うもの。無理やり機械《きかい》に生かされているイメージです。

でも実際《じっさい》は、わたしのような人も使っています。わたしは呼吸器《こきゅうき》をつけていてもたくさんしゃべるし、ごはんも食べるし、外出もする。海外旅行にもいきます。

それなのに、呼吸器《こきゅうき》を使うようになったら「人生終わり」というイメージを持つ人は減《へ》りません。そのイメージは、「呼吸器《こきゅうき》を使うなんて、生かされているだけだからかわいそう」という気持ちにつながります。

さらに進むと、「重度の障害者《しょうがいしゃ》は生まれないほうが幸せなんじゃないか」ということにつながっていくのです。

それを考えるひとつのきっかけとなるのが「尊厳死《そんげんし》」の問題です。

尊厳死《そんげんし》とは、治る見込《みこ》みのない人が「もうこれ以上、治療《ちりょう》はしなくていい。機械《きかい》によってただ生かされているのなら、機械《きかい》をはずしてもよい」と決め、みずから死をえらぶことです。それが許されるように法律をつくろうと議論《ぎろん》がされています。

これはとてもむずかしい問題です。

「機械《きかい》につながれているだけなら、もうはずしてもいいんじゃない?」

「患者《かんじゃ》にも死ぬ権利《けんり》はあるんじゃない?」

そう思うかもしれません。

実際《じっさい》、人工呼吸器《じんこうこきゅうき》をつけて長期療養病院《ちょうきりょうようびょういん》のベッドにいる人の中には、「呼吸器《こきゅうき》をはずして死んでしまいたい」と言う人がいます。

でも、もう少し考えてみましょう。

その人が心の底から死んでしまいたいと望むなら、思いをかなえてしまっていいのでしょうか。


わたし自身が人工呼吸器《じんこうこきゅうき》をつけながら思うのは、心の底から死にたいと思っている人なんて、絶対《ぜったい》にいないということです。

死にたいという人が、本当に思っていることはなにか。

それは、呼吸器《こきゅうき》をつけてベッドの上から一歩も動けない人生に絶望《ぜつぼう》しているのです。

「家に帰りたいと言ったら家族に迷惑がかかる」
「友だちがいないのがさびしくてつらい」
だから、生きていくのがつらいと思っているのです。

「生きるのがつらい」と「死にたい」はちがいます。

死にたいという人に「はい、どうぞ死んでください」と言うのではなく、「なぜ生きるのがつらくなってしまったのか」ということに耳を傾《かたむ》けて、その原因をなくしていくことがだいじなのではないでしょうか。

心の底から死にたいと
思っている人なんていません。
「家に帰りたいと言ったら
家族に迷惑がかかる」
「友だちがいないのが
さびしくてつらい」
だから、生きているのがつらいと
思っているのです。

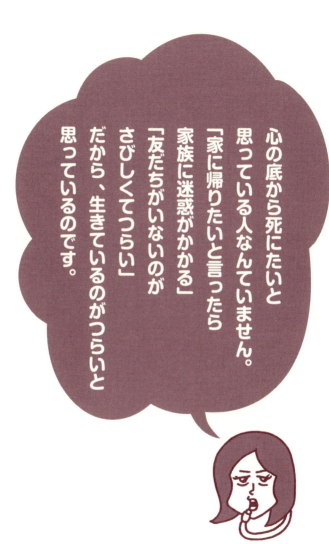

感動をつくり出すのは人間の力

「呼吸器《こきゅうき》をつけている人は、生きているだけだからかわいそう」
「重度障害者《じゅうどしょうがいしゃ》は、生まれないほうが幸せなんじゃないか」
多くの人がそんなふうに思えば思うほど、障害《しょうがい》のある人は地域《ちいき》のすみっこへと追いやられていきます。

重い障害《しょうがい》のある人は、生きている価値《かち》がないのでしょうか?

わたしは、この世の中に、価値《かち》のある人間と価値《かち》のない人間がいるとは思いません。なぜなら価値《かち》という

ものは、人の心がつくり出すものだからです。

たとえばわたしたちは、きれいな景色《けしき》を見たとき、「見て見て！」とだれかに話しかけたくなりますよね。

空気が澄《す》んだ冬の朝、わたしのくらす東京からもきれいな富士山《ふじさん》が見えます。するとうれしい気持ちになって、今日はいいことがありそうだなと思ったりします。

でも、富士山《ふじさん》は、よく考えればただの山です。地面が盛《も》り上がっているだけなんです。それなのに、みんなが言います。

「富士山《ふじさん》ってきれいだね」

「日本に生まれてよかったね」

でも、この気持ちは、人が勝手につくり出しているものです。山はがんばって

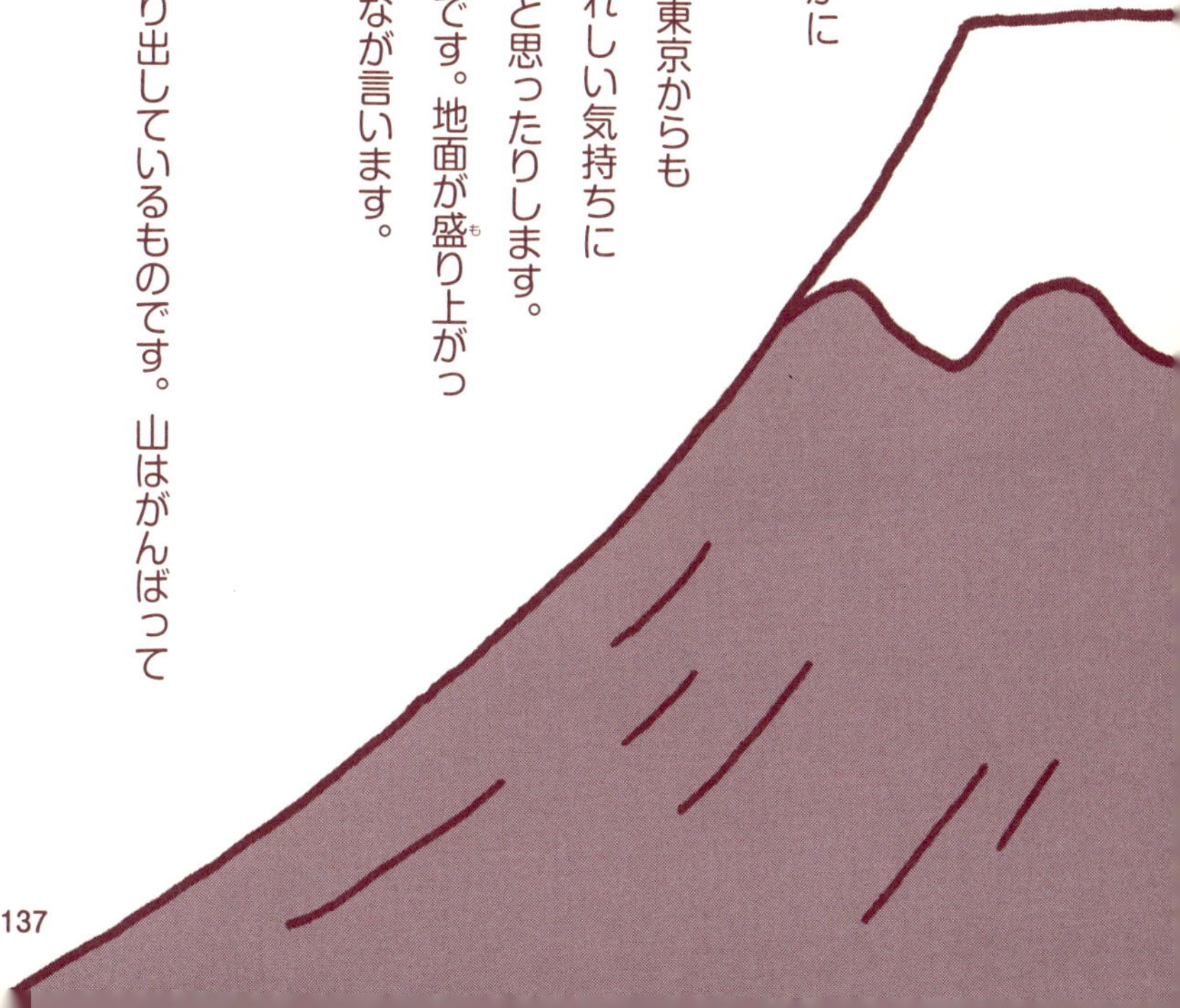

なんかいません。ただそこにあるだけで、人が勝手に感動しているのです。ただの地面の盛《も》り上がりにこれほどの感動をつくり出せるのは、人間だけに与《あた》えられた力です。

それができるのだから、ただ呼吸《こきゅう》をして、ただ生きているだけの重度障害者《じゅうどしょうがいしゃ》に対して、感動できないはずがありません。

いえ、たとえ感動までしなくても、その人の存在《そんざい》に価値《かち》をつくり出せるはずだとわたしは思うのです。

「この人が、ここにいてくれてよかった」

「この人が安心してくらせる社会は、自分たちにとっても安心だね」と。

歩けないとだめとか、コミュニケーションがとれたほうがいいとか、こうあるべきだという基準《きじゅん》を、人間は勝手につくっています。それができない人は、おとっていると決めつけようとします。

でも、ただの山に対してこんなに感動できる人間が、どうして命のある人に対して感動できないのかな、価値《かち》をつくれないのかなとわたしは思うのです。

ただそこにいるだけで、「人の価値《かち》ってなんだろう」と考えさせてくれる存在《そんざい》。わたしは、ただ生きていること、それだけでじゅうぶん価値《かち》があるのではないかと思うのです。

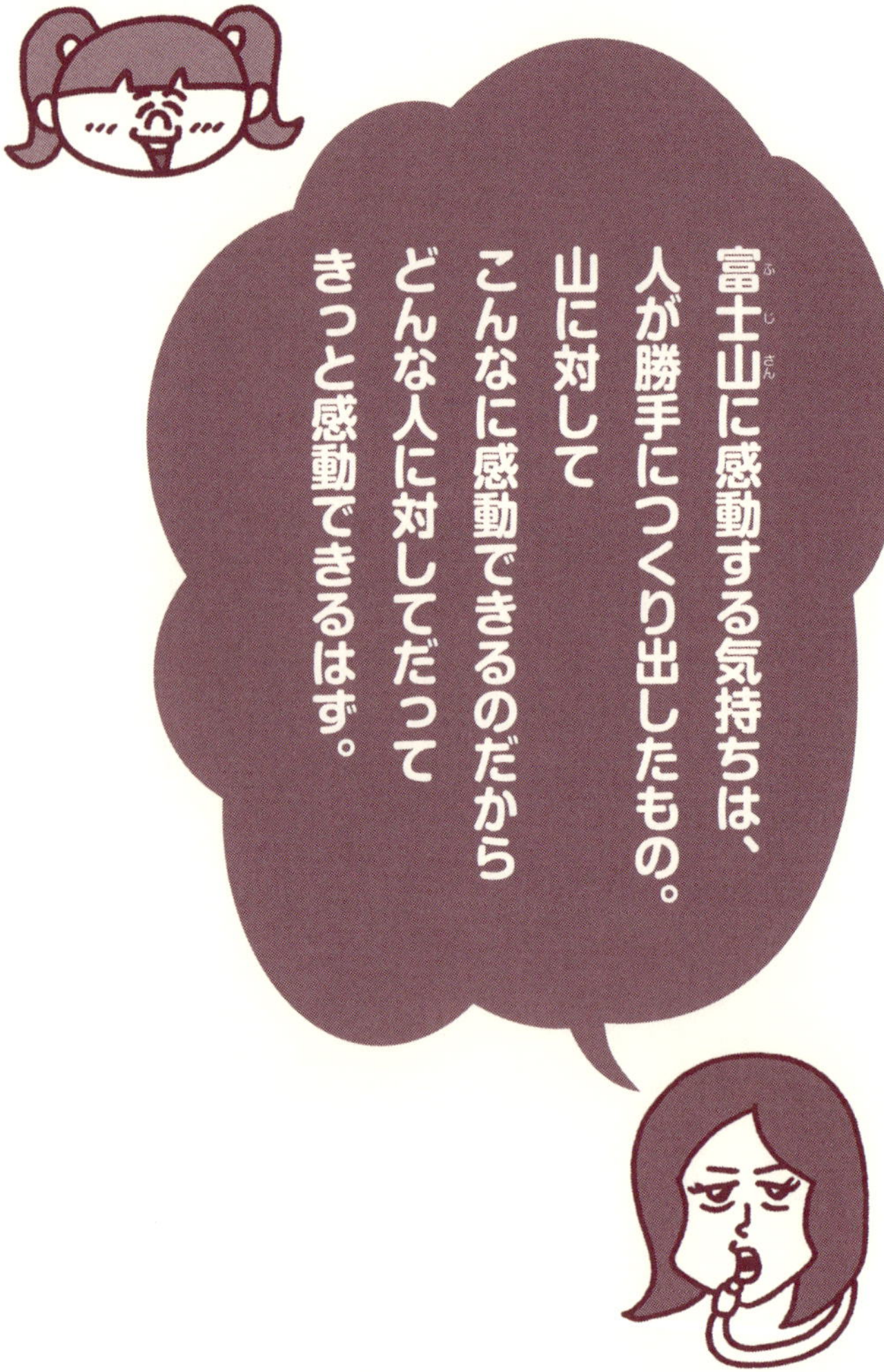
富士山《ふじさん》に感動する気持ちは、
人が勝手につくり出したもの。
山に対して
こんなに感動できるのだから
どんな人に対してだって
きっと感動できるはず。

目立ってるだけでいいじゃん

障害《しょうがい》のある人が地域《ちいき》で生活しやすい社会は、お年寄り、妊婦《にんぷ》さん、小さな子ども、すべての人にとって住みやすい社会です。わたしは、障害者《しょうがいしゃ》こそがそういう地域《ちいき》づくりを先頭に立ってやっていける可能性《かのうせい》があると思っています。

今まで障害者《しょうがいしゃ》は、守ってあげなければいけない存在だと思われてきました。かわいそうな人たちだからお金をあげよう、こういうことをやってあげようと思われるだけでした。

でも、障害《しょうがい》のある人だって地域《ちいき》の中でなにかできることがある。そういう発想の転《てん》換《かん》をして、みんなでいっしょに考えていける社会が、豊《ゆた》かな社会だと思います。

わたし自身も重い障害《しょうがい》のある人間ですが、自分にできるのは、車いすと呼吸器《こきゅうき》で外に出ていき、できるだけ多くの人の目にふれること。

それがわたしの生きていくうえでのテーマです。

わたしを見て、体が動かないことに驚《おどろ》くかもしれない。呼吸器《こきゅうき》を初めて見る人がいるかもしれない。こういう人間がいることを知ってもらえればそれでいいのです。

障害者《しょうがいしゃ》の中には、社会のために「なにかをしなくちゃいけない」と思っている人がたくさんいます。「仕事をしなくちゃ」とか「家でできることはないかな」とか「得意なことで役に立てないかな」とか、じつはみんないろいろ考えています。

その気持ちはだいじ。でも、わたしは思います。

「町の中で目立ってるだけでいいじゃん」

「車いすに乗ってぷらぷらしてる人がいるなぁと、道行く人に思われたらそれで十分」

なぜなら、障害者《しょうがいしゃ》がこんなにたくさんいるのに、知らずに過《す》ごしている人が多すぎるからです。

障害者《しょうがいしゃ》が外に出ていくことで「こんな人たちがいる」と知ってもらえたら、人の生きかたや社会のありかたは、ちょっとずつ変わっていくんじゃないかと思うのです。

ワ
ワ
ワ
ワ

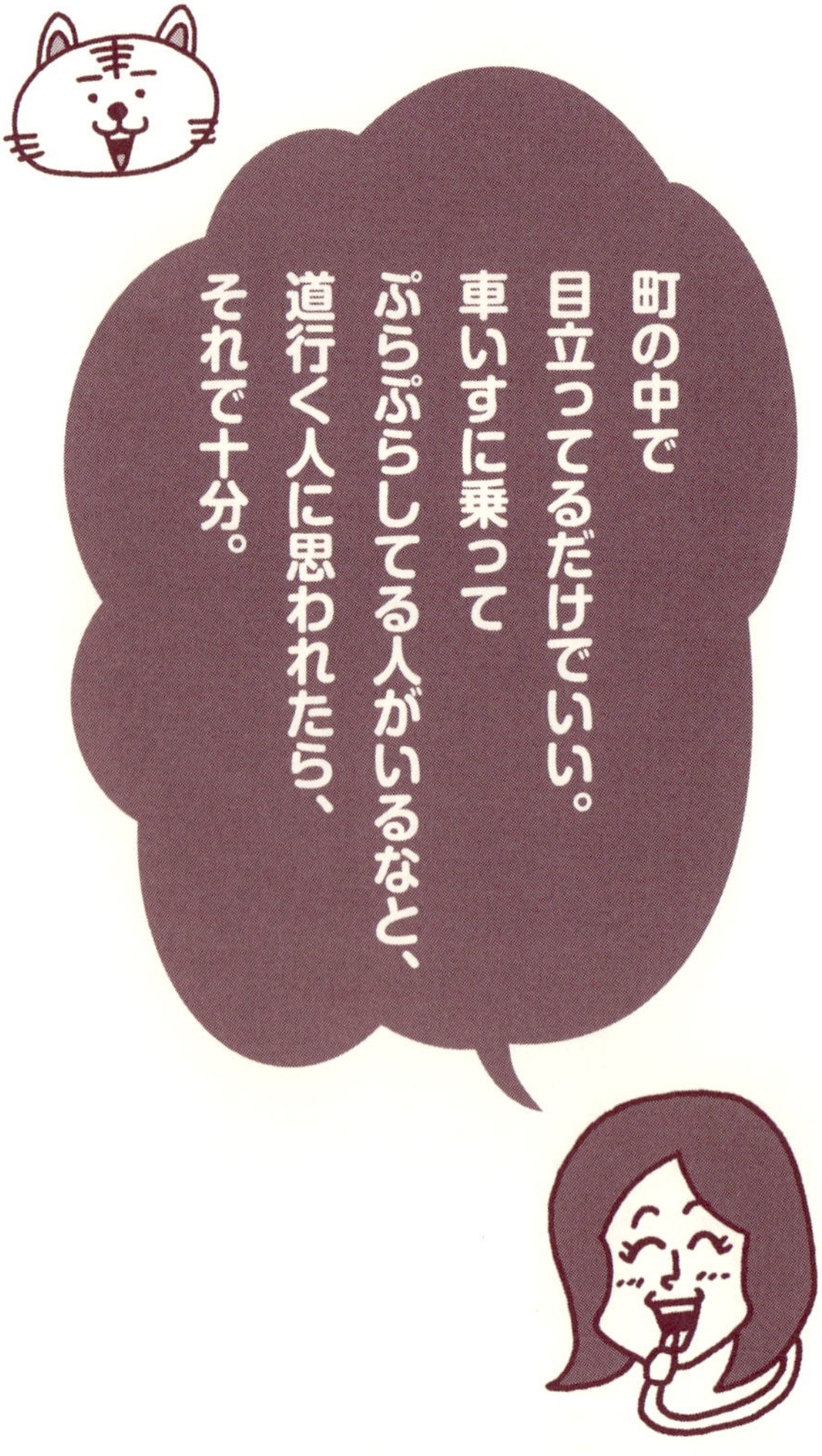
町の中で
目立ってるだけでいい。
車いすに乗って
ぷらぷらしてる人がいるなと、
道行く人に思われたら、
それで十分。

「ちがい」を受け入れ合う社会へ

電車にのると、わたしが口にくわえている人工呼吸器《じんこうこきゅうき》に興味《きょうみ》しんしんの小さな子どもがいます。

「あの人、なに食べてるの?」

お母さんに向かって話しかけていますが、お母さんも呼吸器《こきゅうき》のマウスピースなんて知りません。

「そんなこと、言わなくていいの!」

「じろじろ見ちゃダメ」

お母さんは困《こま》ったような顔をして、子どもをひっぱって向こうにいってしまいます。

その子は知りたいだけなのに。聞いてくれたら話すのに。

わたしは世界各地を車いすで旅してきましたが、アメリカでもニュージーランドで

も、子どもたちはふつうに近づいて、わたしに話しかけてきました。ところが、日本の子どもたちの多くは、わたしを見るとびっくりしてかたまってしまいます。

欧米《おうべい》の子どもたちと日本の子どもたちの、どこがちがうのでしょうか。

それはたぶん、欧米《おうべい》では障害《しょうがい》のある子どもが、健常者《けんじょうしゃ》といっしょの学校に通っているからだと思います。

障害《しょうがい》のある子どもとない子どもの学校を分けている国は、じつは多くありません。授業《じゅぎょう》についていけない子はときどき別のプログラムをやることがありますが、同じ地域《ちいき》の学校で勉強しています。

日本では、子どもに障害《しょうがい》があることがわかると、地域《ちいき》の

学校ではなく特別《とくべつ》支援《しえん》学校《がっこう》をすすめられます。そちらに通ったほうがその子のためになる、その子のペースに合わせた教育ができる、と伝えられます。でもわたしは、健常《けんじょう》の子どものじゃまにならないようにと分けている気がしてしかたありません。

わたし自身は、障害者《しょうがいしゃ》と健常者《けんじょうしゃ》の学校を最初から分けることに反対です。

どんな障害《しょうがい》のある子どもでも、地域《ちいき》の学校に通う権利《けんり》があります。これはとてもシンプルなことです。

小さなころから分けられた環境にいる人は、障害者《しょうがいしゃ》と接《せつ》するチャンスがないまま成長します。

そうするとおとなになっても、社会の中で障害者《しょうがいしゃ》を分けようとします。本当はたくさんの障害者《しょうがいしゃ》がいるのに、自分

たちといっしょにすごすことをイメージできません。
逆《ぎゃく》に、子どものころからいっしょに育った人は、社会の中で障害者《しょうがいしゃ》を分けようとはしないし、困《こま》っている障害者《しょうがいしゃ》を見てとまどったりもしません。自然に手助けができるようになるのです。海外旅行で出会った人たちや、わたしの学校時代の友だちを見れば、それがよくわかります。

最後に、2006年に国連で決まった「障害者権利条約《しょうがいしゃけんりじょうやく》」について、みなさんに紹介《しょうかい》します。

これは「障害者《しょうがいしゃ》の権利《けんり》を守りましょう」という国同士《どうし》の約束で、現在《げんざい》、世界177カ国が同意し（2018年）、日本も同意しています。

この条約《じょうやく》の中では、「区別」「制限《せいげん》」「排除《はいじょ》」の3つは差別だとされています。

「区別」というのは、社会の中から特定の条件の人たちだけを〝取り出して集める〟こと。日本の特別支援学校《とくべつしえんがっこう》や入所施設《にゅうしょしせつ》などはその「区別」にあたるとわたしは考えています。

10年以上前にできた条約《じょうやく》ですが、世界で差別とされていることが日本では未だに〝サービス〟だと考えられているのです。障害《しょうがい》のあるなしに関係なく、みんながいっしょにすごせたらいいのに……。

今は若《わか》くて元気だとしても、人はいつ障害者《しょうがいしゃ》になるかわかりません。とつぜん病気やけがで車いす生活になることもあるし、年をとれば多くの人がなんらかの障害《しょうがい》と共に生きることになります。

障害《しょうがい》なんて関係ないと思うことは、だれにとっても幸せではないのです。

障害《しょうがい》やちがいを受け入れ合って、いっしょにくらしていくこと。

障害《しょうがい》のある人もない人も、孤立《こりつ》しないでおたがいに助け合えること。

そんな社会が、だれにとっても生きやすい社会だとわたしは信じています。

著者

海老原宏美（えびはら　ひろみ）

1977年神奈川県出身。1歳半で脊髄性筋萎縮症（SMA）と診断され、3歳までの命と告げられる。車いすを使いながら小学校、中学校、高校と地域の普通校に通い、道行く人に声をかけて移動のサポートをお願いする「人サーフィン」を身につける。大学進学を機に24時間介助を受けながらの一人ぐらしをスタート。2002年からは自力での呼吸が難しくなり人工呼吸器を使って生活。障害者の自立を支援する「自立生活センター東大和」理事長をつとめた。

2016年度東京都女性活躍推進大賞を受賞。「価値とは人の心がつくりだすもので、それは人間にだけ与えられた能力。ただの土の盛り上がりである富士山に感動し、価値を見いだせるのなら、自分と同じ人間である障害者にも価値を見いだせるはず。ただ静かにそこにいるだけで〝人の価値とはなにか〟を考えさせてくれる障害者は、それだけでじゅうぶんに存在する意味があるのではないか」と都知事に手紙を書き、話題となる。

映画『風は生きよという』（宍戸大裕監督）出演。著書『まぁ、空気でも吸って』（現代書館）。NHK Eテレ『ハートネットTV』などメディア出演多数。

2021年12月24日、SMAの進行にともなう肺性心のため44歳で逝去。

わたしが障害者じゃなくなる日

難病で動けなくてもふつうに生きられる世の中のつくりかた

2019年6月10日　初版第1刷発行
2023年7月20日　　　第6刷発行

著者　海老原宏美

編集協力　菅聖子
ブックデザイン　ランドリーグラフィックス
イラスト　シライケン
編集担当　熊谷満
発行者　木内洋育
発行所　株式会社旬報社
〒162-0041
東京都新宿区早稲田鶴巻町544　中川ビル4F
TEL 03-5579-8973　FAX 03-5579-8975
HP http://www.junposha.com/
印刷製本　中央精版印刷株式会社

ISBN978-4-8451-1589-1

視覚障害その他の理由で活字のままで本書をご利用できない方には、テキストデータをご提供します。ご希望の方は「ご住所・お名前・お電話番号・メールアドレス」を明記の上、左下の請求券を当社までお送りください。なお、テキストデータは、本書を購入いただいた方のみのご利用に限ります。

テキストデータ請求券
『わたしが障害者じゃなくなる日』